UN ENFANT

PATRICIA VERGAUWEN
FRANCIS VAN DE WOESTYNE

UN ENFANT

BERNARD GRASSET
PARIS

ISBN 978-2-246-82081-9

Et si on essayait d'être heureux, ne serait-ce que pour donner l'exemple ?

Jacques Prévert

La communion des âmes ne connaît pas de séparation.

François Cheng

À nos enfants,
Sophie,
Xavier,
Alice,
Louise
et Victor,
Nos Adorés,

À Cédric et Ernest.

Ce soir, lors d'un dîner entre amis, la conversation tournoie : la météo, les vacances, les bobos des uns et des autres. Puis – et c'est bien normal – ce sont les enfants. L'un des parents évoque la tristesse qu'il ressent lorsque le sien part en pension. Un autre raconte la douleur quand son fils part au camp. Un troisième se dit déchiré, ne fût-ce que quelques minutes, quand son fils ne répond pas tout de suite au téléphone, à la sortie de l'école.

Depuis deux ans, ton portable résonne dans le vide.

J'ai envie de renverser la table. De hurler et de m'enfuir. Puis, doucement, je m'apaise, je quitte mentalement la conversation, je me retire tandis qu'ils s'agitent et je me réfugie auprès de toi. Oui, je te parle encore.

— Pourquoi souris-tu, Francis ?

— Comme ça.

Très souvent, le matin, au moment de descendre de ta chambre, tu frappes à notre porte et tu t'assieds au bord du lit. Tu me racontes ta nuit, ta journée à venir. Tu demandes toujours comment je vais. Je vais, puisque tu es là, assis près de moi. Tu es mon délicieux réveille-matin. Parfois tu m'apportes ma tasse de café au lit. J'adore. Tu es de si bonne humeur que, souvent, ton papa et moi nous nous demandons si ce n'est pas bizarre. Tu es si lumineux.

Aujourd'hui, je déteste tous les matins.

Je hurle.

Je hurle parce que je sais.

Je sais, je sens.

Alors je hurle.

Je hurle parce que je dois hurler.

Je ne peux rien faire d'autre que hurler.

À côté de moi, dans la Fiat 500, Patricia essaye, tant bien que mal, de comprendre ce qu'Alice lui dit au téléphone.

Alors elle me dit de plus en plus fort : « Tais-toi. Tais-toi. Tais-toi. »

Mais je hurle.

Je sens ma gorge se déchirer.

Je ne veux pas, je ne veux pas, je ne veux pas.

Je devrais rouler vite pour rentrer à la maison.

Je ne parviens pas à enfoncer la pédale de l'accélérateur.

Je ne veux pas que mon pied s'enfonce.

Il est presque 21 heures, ce vendredi soir.

Ce 4 novembre 2016.

La circulation est dense.

Je devrais me fondre dans le trafic, suivre le mouvement.
Quelque chose m'empêche d'avancer.
Je ne veux pas.
Je refuse.
Non, non, non, non, non.
Je hurle.
Je hurle parce que je sais.
Je comprends.
Victor est tombé du toit.

Dans le brouhaha du restaurant, j'ai cru comprendre que tu étais tombé du toit qui donne sur le jardin. Je pense : une jambe cassée. D'un bond, Patricia et moi, nous nous levons parce que tu n'as jamais rien eu. Quelques bobos par-ci par-là. Jamais rien de grave. De la conversation entre Patricia et Alice, j'entends que je me suis trompé de toit. Tu n'es pas tombé de celui qui descend vers le jardin.
Mais de celui qui donne sur la rue.

Non, non, non, non, non, non, non.
À la seconde où cette nouvelle entre en moi, je sais.
Je sais, je sais, je sais.
Alors je hurle.
Patricia me crie de me taire.
Je ne peux pas m'arrêter.

Je ne suis plus rien.

Je n'existe plus.

Je dois continuer à conduire, à avancer.

Je ne veux pas y aller.

Je m'arrête au milieu de la rue de la Loi, au milieu de cent voitures.

Klaxons, jurons.

« Mais avance, crie Patricia, qu'est-ce que tu fais ? »

J'éteins le moteur.

Klaxons, jurons.

Je ne veux plus que le temps avance.

Je veux qu'il recule.

Jusqu'à ce moment, le dernier, où je t'ai vu.

Vivant.

Souriant.

Comme toujours.

Ce vendredi, je suis rentré en retard. Comme chaque soir. Une bêtise m'a retenu au journal. Je ne m'en souviens plus. Pourquoi suis-je rentré si tard ? Pourquoi ai-je à peine eu le temps de t'embrasser ? J'ai d'abord dit bonsoir à Ernest, ton cousin. Je m'en souviens très bien. Puis je t'ai embrassé. *Ma douceur, mon bonheur*. Chaque fois que je te vois, je le pense. *Qu'est-ce que je t'aime*. Nous sommes en retard, nous allons au restaurant.

— Ça va, mon P'tit Lou ?

— Oui, 'Pa, et toi ?

— Bonne journée ?

— Oui, merci et toi, 'Pa. Au journal, tu gères ?

— Oui, t'inquiète, Vic, ça va.

Notre dernière conversation n'a duré que quelques instants.

Je me souviens que, comme d'habitude, Maman t'a dit qu'elle avait oublié quelque chose dans sa chambre. Alors tu as bondi dans les escaliers.

C'est l'image que je retiens et qui me revient sans cesse. Je te vois montant les escaliers à toute vitesse, j'entends le bruit de tes pas sur les marches de bois. Et je me dis, à ce moment-là, *quelle énergie il a, mon fils.*

Je ne te vois pas redescendre. Tu lui donnes ce qui lui manquait. Je vois ton geste.

Nous partons vite, vous laissant, Ernest et toi avec Alice. Et des pizzas. Tu adores les pizzas.

J'ai encore envie de manger des pizzas avec toi.

Encore et encore.

Des « crudos » que nous allions souvent chercher à cent mètres de la maison.

Je sais que nous n'en mangerons plus ensemble.

Je freine encore.

Je m'arrête au milieu de la circulation.

Les voitures m'évitent de justesse.

Et Patricia me dit d'avancer, de rallumer le moteur et d'avancer.

Je ne peux pas.

Je ne veux pas.

Je hurle, je hurle parce que je sais.

Je tape sur le tableau de bord, sur le volant.

Ce n'est plus moi qui suis là, dans cette voiture qui n'avance pas, à côté de Patricia qui garde son calme et essaye de guider Alice.

« Tu as appelé l'ambulance ?

Ne le bouge pas.

Le pouls est filant ?

Oui, tu peux commencer le bouche-à-bouche. »

Je reprends mes esprits.

Je me trouve minable, insupportable, inadéquat.

Je rallume le moteur, je redémarre.

Klaxons, jurons.

Je sais que chaque fois que je prendrai cette rue de la Loi, je penserai à ça.

À ça, à ça, à ça.

Tunnel, virage.

Je ralentis.

Cela me reprend, je ne veux pas aller plus loin.

Pourtant j'avance.

J'entends les mots que Patricia prononce.

Calmement.

Posément.

Je pense que les hommes sont faibles.

Les femmes se montrent plus fortes.

Les hommes ne sont pas armés pour traverser les drames.

Les femmes, si.

Sortie du tunnel, feu rouge.
Tout à coup, j'accélère, je n'en peux plus.
Je brûle un feu, deux feux.
Urgences.
Je tourne.
Je passe au rouge.
Nous sommes presque arrivés à la maison.
Une douleur horrible monte en moi.
Il n'y a plus rien dans ma tête.
Virage à gauche, à droite.
C'est le jour du marché.
Beaucoup de monde dans le quartier.
Je dois encore tourner à droite pour arriver dans notre rue.
Je tourne.
Gyrophares.
J'arrête la voiture.
Patricia se précipite vers toi.
Je parviens à peine à sortir de la voiture.
Je m'écroule.
Je suis par terre.
Je recommence à hurler.
Comme une bête.
Je hurle parce que je sais.

Ce jour-là, je te laisse avec Ernest et ta grande sœur, Alice, qui termine ses études de médecine. Je ne m'attends à rien. Je m'en vais insouciante, ignorant totalement que je vis les dernières heures de ma vie avec toi.

Ce jour-là, je te dis au revoir en prenant ton visage entre mes mains. Un geste maternel et tendre. Le dernier. Je m'en souviens. Le dernier.

Vendredi soir. Nous allons au restaurant avec ma sœur et son mari. La veille, elle m'a envoyé un message : « Youpiiii, on se voit demain. » Il est 20 heures, je te dis au revoir, ainsi qu'à Ernest et Alice. Au moment où je prends ton visage dans mes mains pour t'embrasser, tu me demandes si nous allons rentrer tard. Au restaurant, je réalise que mon téléphone est resté dans la voiture. Je demande à ton papa d'aller le chercher malgré la pluie et le froid. Il y va, bien sûr, tu le connais. J'offre à mon beau-frère des livres pour son anniversaire. Je me trouve à des années-lumière de ce qui m'attend. Je pose mon téléphone sur la table et je le règle en silencieux. Nous sommes heureux de nous retrouver, et, tous les quatre, nous levons notre verre au bonheur et à la vie. Nous avons encore un quart d'heure d'insouciance devant nous. Un quart d'heure pour revenir en arrière. Le dernier quart d'heure de ma vraie vie.

Un numéro inconnu vibre sur mon téléphone. Celui qu'Alice emprunte à une passante alors qu'elle essaye déjà de te réanimer. Tremblante, elle forme mon numéro, mais je ne réponds pas. Elle appelle ton papa qui ne l'entend pas. Elle me rappelle à nouveau. Je décroche enfin. Elle crie, je ne comprends pas tout de suite ce qu'elle dit. Je dois sortir du restaurant. Victor. C'est grave. Il est tombé. J'annonce à ma sœur et son mari : « Nous devons rentrer. » Ils ne perçoivent pas notre affolement. Ton papa et moi partons en courant pour te rejoindre.

Alice commence les premiers gestes de réanimation. Les premiers mots, elle les prononce à ton oreille : « On t'aime. Papa et Maman arrivent. » Tu pars avec cette phrase dans la tête.

Ton papa est au volant. Je sens que notre vie est en train de basculer. Aujourd'hui, maintenant, nous sommes en train de tomber dans le vide, comme toi. Ton papa ne parle pas pendant ce court trajet. Il ne parle pas. Il hurle. Dix minutes. Une éternité. Il hurle cette vie qui bascule, toi qu'il est en train de perdre, sa douleur avant même de te voir.

Pendant le trajet vers toi, j'ai la sensation que nous roulons à folle allure, mais, parfois, la voiture s'arrête net. Ton papa coupe le moteur. J'ai tellement peur que je finis par me taire. Me taire pourvu que la voiture vole vers toi. Je sens les larmes le long de mes joues. Je pense que c'est le chemin de la mort. Ce temps qui m'est donné entre l'appel et le face-à-face avec toi me permet inconsciemment de me préparer au pire. Alice ne l'a pas, Ernest non plus.

Alice me sauve par sa présence au moment où tu en as le plus besoin. Elle me protège de l'immense culpabilité de ne pas y être. Elle prend le relais. Elle te donne toute sa tendresse à toi, son petit frère qui s'en va. Et dans sa tendresse, il y a aussi la nôtre. Elle comprend le langage que j'utilise et que je lui dicte au téléphone. Méthodique. Précis. Tout s'enchaîne. Lorsque j'entends la sirène de l'ambulance dans le portable, je raccroche. Je préviens le papa d'Ernest : « Ernest est conscient, Victor, inconscient. » C'est tout ce que je dis.

Alice s'occupe de toi, mais il faut aussi veiller sur Ernest. Ne pas le laisser là pendant qu'on te porte secours. Alice hurle à des passantes de l'emmener à l'intérieur. Trois jeunes femmes entrent dans la maison et tentent de le rassurer. Je ne les reverrai jamais. Je leur suis infiniment reconnaissante d'avoir été là. Pour toi. Pour Ernest. Pour nous.

J'aperçois une masse sombre couchée sur le trottoir.
Victor.
Victor.
Victor.
Mon Vic.

Non, non, non, non, non.
Je voudrais rejoindre Patricia et Alice et les aider.
Mes jambes ne me portent plus.
Je me traîne à deux mètres.
Devant la façade de la maison voisine.
J'observe ce qui se passe.
Lâche, impuissant, brisé, bombardé, éventré.
Les ambulanciers sont arrivés.
J'entends des mots, des phrases, des appels.
Je m'effondre.
On essaye de me relever.
Je vois des souliers d'hommes et de femmes.

Je suis incapable de garder la tête droite et de découvrir celui ou celle qui essaye de m'aider.

Je ne tiens plus debout.

Je n'existe plus, je ne veux plus exister.

Victor, Victor, Victor.

J'entends au loin les cris du marché.

Des gens boivent, rient, s'amusent.

Qu'ils se taisent tous.

Vos gueules.

Le papa d'Ernest arrive. Il tente de me relever. Je n'ai plus de jambes, plus de bras. Je ne suis plus qu'un cœur en morceaux. Je regarde ses chaussures et je pense que ce sont des Church's. Détail dérisoire. Il me parle, me serre dans ses bras. Mon beau-frère. Mon frère.

Nous arrivons à la maison. Tu es tombé du toit. Une chute de dix mètres. Ton corps est étendu sur le sol mouillé. C'est le mois de novembre. Il fait froid et noir. L'urgentiste, une jeune femme, est près de toi. Elle est arrivée sur place quelques minutes avant nous. Des gyrophares. Des policiers dehors et dans ma maison. Que font-ils là ? Un périmètre de sécurité. Je saute hors de la voiture et je me précipite vers toi. Ton papa, lui, ne peut pas. Il n'a pas la force d'approcher ton corps d'enfant inerte sur le sol. Il reste accroupi dans la rue, la tête dans les mains.

Je me mets à genoux près de toi. Dehors, on ne voit rien. L'urgentiste décide de transporter ton corps dans la maison. Je prends ta tête entre mes mains pour la placer sur la civière. Le même geste posé quelques heures plus tôt. Nous t'installons dans l'entrée. Porte grande ouverte sur la rue.

Tu ne bouges pas, les bras ballants, écartés de ton corps étendu sur le sol. Je ne t'ai jamais vu comme ça. Les bras tendus, les jambes tendues, la bouche entrouverte, la paume des mains vers le ciel, comme une offrande. Tu pourrais faire semblant, pour jouer. Mais le jeu ne s'arrête pas.

Ton thorax ne se soulève pas. Tu ne respires pas. Tu ne respires plus.

Tu n'as plus qu'une chaussure. Un adolescent de treize ans ne reste pas immobile au sol avec une seule chaussure.

Tout en essayant avec l'urgentiste de te porter secours, je me rends compte que ton corps me dit J'ai lâché prise, Maman. N'essaye pas. C'est fini.

Je le vois. Je le sens. Je le sais.

Cette chaussure qui manque, c'est la preuve que je ne peux plus rien pour toi. Tu es déjà loin alors que j'arrive seulement. Tu sais déjà tout ce que je découvre à l'instant. Tu es mort et je suis vivante, là, à genoux, à côté de toi.

Je demande à commencer le massage cardiaque. L'urgentiste accepte. La ventilation est assurée. J'entends l'infirmière : « Septième dose d'adrénaline, j'injecte. » Là, je sais. Tu es en arrêt cardiaque et ton cœur que j'aime tant s'est arrêté de battre pour toujours. Pourtant, j'ai peur que tu prennes froid avec cette porte grande ouverte sur ton torse nu. Nous poursuivons la réanimation. Je ne veux pas que tu meures dans l'entrée de notre maison, de ta maison. Je ne veux pas constater, moi, pédiatre, qu'il n'y a plus rien à faire pour toi. L'urgentiste comprend. Elle t'emmène dans l'ambulance en poursuivant le massage cardiaque et la ventilation artificielle.

J'irai la trouver. Des semaines plus tard. Lui dire mon immense gratitude de m'avoir laissée participer à la réanimation de mon enfant. As-tu senti, Victor, la présence de ta maman ? Personne ne le sait, sauf toi. Tu as emporté ce secret pour toujours. L'urgentiste me prend dans ses bras et nous pleurons ensemble. Elle est maman, elle aussi.

Ernest filme. Il tourne « un court-métrage » avec toi. Vous êtes tous les deux dans le jeu, dans votre imaginaire. « Ça va être magnifique ! », ta dernière phrase, tes derniers mots avant de glisser, de tomber dans le vide. As-tu eu peur de mourir ? As-tu ressenti le gouffre en dessous de toi ? Combien de temps ? Des secondes bien trop longues entre la vie et la mort. Ces secondes qui me réveillent la nuit et m'assomment tous les matins. Ce moment où tu bascules dans la mort, insupportable.

Ces secondes-là qui durent une éternité, nous devons vivre avec elles. Accepter de les glisser dans nos secondes à nous, nos heures à nous, nos jours à nous, Mon Adoré.

Je regarde vers la droite.

Patricia, l'urgentiste et l'infirmière s'occupent de toi.

Rentrons-le.

Ils te transportent en te soulevant par les bras et les jambes.

Ton corps se casse en deux, ta tête roule vers la droite.

Ne peut-on te porter avec plus de délicatesse ?

Ils vont te faire mal.

Tu ne peux plus avoir mal.

Je le sais. Je le sais. Je le sais.

Je vois des taches rouges sur les pavés.

Les pavés.

Longtemps, je repenserai à ces pavés. Je les déteste. Pourquoi ne t'ont-ils pas accueilli plus mollement ? N'existe-t-il pas des pavés mous, en caoutchouc ? Des pavés qui t'auraient dit : « Victor, ce n'est pas grave, on va amortir ta chute, viens, sens comme c'est doux, chez nous. » Je pense à cela. Je penserai toujours à cela. Chaque minute s'inscrit, s'imprime dans mon cerveau. Jusqu'au dernier jour de mes jours, je me repasserai le film de ce 4 novembre 2016.

Nous sommes vendredi.

Comment se fait-il que les sacs-poubelle ne soient pas sortis ? Où sont les poubelles ? Elles auraient pu amortir ta chute, Victor. Des sacs remplis de crasses, de légumes, de déchets mous qui t'auraient accueilli.

Rien que des pavés que je déteste.

Comment ces arbres, ces cerisiers du Japon, qui font toujours l'admiration des passants en avril quand ils fleurissent, comment ces arbres n'ont-ils pas pu étendre leurs branches et te recevoir, adoucir ta chute afin que tu rebondisses, ici et puis là, encore, et qu'enfin, ces branches que l'on dit si belles, ne t'aient pas tout simplement déposé sur le sol ? Mais non, ces arbres, que l'on dit si beaux au printemps, n'ont rien fait. Ils sont restés droits, muets, immobiles. Je les hais d'avoir perdu leurs feuilles qui auraient pu former un tapis doux, moelleux.

Je ne sais pas ce qu'ils te font.

Je voudrais tant m'approcher.

Te regarder.

Te toucher.

Te câliner.

Te dire : « Ce n'est pas grave, Mon P'tit Lou.

Ça va passer. »

Je suis paralysé.
Je me sens vieux.
Je voudrais mourir.

Je voudrais demander.
Savoir.
Je n'ose plus rien dire.
Il n'y a plus que des larmes qui coulent.
On me donne des mouchoirs et encore des mouchoirs.
Il n'y aura plus de joie.
Jamais, jamais, jamais.
On va te conduire à l'hôpital.
Bonne idée, l'hôpital.
J'ose à peine te regarder quand tu sors, Victor, sanglé sur une civière.
Je vois ta maman.
Je l'admire.
Plus que tout.
Moi, je suis là, par terre.
Elle est debout.
Elle vient vers moi.
Je n'ose pas la regarder, croiser son regard parce que je suis certain d'y lire ce que je ne veux pas lire.
Pourtant je sais.
Elle monte à l'avant d'une voiture de police.
À côté du conducteur.
Moi, je me jette à l'arrière.
Je ne suis même pas capable de m'asseoir.

Je ne peux pas tenir debout, ni assis.
Je suis couché par terre, derrière.
Peu à peu, je me redresse.
Je n'ose pas parler.
Je sais.
Et, pourtant, je veux poser une question.
LA question.
J'entends la sirène qui hurle, hurle, hurle.
Et je n'ose pas poser ma question.
Pourtant il faut qu'elle sorte de ma bouche.
Je veux parler mais aucun son ne sort.
Rien.
Il n'y a que des rivières de larmes sur mes joues.
Un océan d'eau à l'intérieur de mon corps.
Je sens la voiture avancer, tourner, rouler.
Machinalement, je me demande quel chemin il emprunte.
Je sais que mon esprit voudrait que je pose la question.
« Est-ce que Victor… »
Je ne parviens pas à finir la phrase.
Non.
Je ne veux pas entendre la réponse parce que je la connais.
Patricia commence : « Je crois que nous ne reverrons… »
Je ne veux pas entendre la suite.
Je crie.
C'est plus fort que moi.
La route sinue, je ne tiens pas, je me laisse porter au gré des virages, des accélérations, des coups de freins.

Tout est rouge.

Ce sont les lettres que je vois, immenses, à travers le pare-brise.

Urgences.

Je descends, soutenu par un ambulancier.

Je ne veux pas marcher.

Je me déteste.

Je refuse d'accepter ce destin qui me foudroie.

Je ne sais pas où je vais.

Je sens cette détestable odeur d'hôpital.

Je suis assis sur un tabouret.

J'entends des pas pressés, des voix étouffées.

J'attends.

J'essaye de comprendre ce qui s'est passé.

Nous sommes arrivés aux urgences. Tu es pris en charge par l'équipe des soins intensifs pédiatriques. Je sais qu'il n'y a plus rien à faire pour te ramener à la vie, mais je suis soulagée que l'on prenne soin de toi. Même s'il n'y a plus d'espoir. Le médecin s'avance pour m'annoncer ce que je sais déjà. Sa voix est douce. J'ai besoin qu'un autre que moi m'apprenne la mort de mon enfant. Je lui demande : « Dites-moi comment on fait ? Comment on fait quand on perd un enfant ? » Il répond : « Je ne sais pas. Après toutes ces années, je ne sais pas. »

Ton papa est dans un état que je ne lui connais pas. Je ne le reconnais pas. Il est effondré au milieu des urgences. Je ne sais que faire de ce corps qui prend trop de place, qui fait trop de bruit, qui dit tout haut ce qui hurle en moi : Victor ! Mon Victor !

Il est pris en charge par d'autres, je m'en sens incapable. Je ne peux porter ma douleur et la sienne. Je l'abandonne. Et cet abandon ne fait que commencer. Je me protège. Je me sauve. Moi, moi seule. Je ne peux partager. Pourtant il ne s'agit pas de mon Victor, de mon enfant, de Mon Adoré. *Il s'agit de notre Victor, de notre enfant, de* Notre Adoré.

Dans mon esprit, il n'y a que cela : des images de toi, mon Victor, glissant sur le toit. Tu essayes de t'accrocher à la corniche. Tes doigts glissent. Tu te laisses tomber. Tu flottes dans l'air. Et tu viens te poser délicatement sur le trottoir devant la cuisine. Doucement, dans un mouvement souple. Et tu te redresses en souriant.

Tu n'es pas tombé en douceur. Tu es tombé si vite et ta tête, ta petite tête, a heurté le sol, ces maudits pavés.

Patricia ouvre délicatement la tenture du local où je me trouve.

« Viens dire au revoir à Victor. »

Je me sens transpercé de mille poignards, roué de coups, frappé au visage, au ventre.

Je la suis.

Nous traversons une grande salle remplie de boxes et de gens qui geignent.

Blessés, malades.

« Entrez », me dit-on.
Je découvre ce tableau qui me hantera toujours.
Toujours.
Tu es étendu sur un lit d'hôpital.
Tu es déjà très blanc.
La vision est insupportable.
Empli d'un amour immense j'avance vers toi.
Mon Amour, Mon Amour, Mon Amour, Mon Amour.
Mon Victor.
Mon trésor.
Je touche ton bras.
Ce n'est déjà plus la douce chaleur qui était la tienne.
Je sens que la vie se retranche, se retire doucement de ton corps.
Victor, Victor, Victor.
Je répète ce nom à l'infini et je te regarde partir doucement.
Est-il possible de donner tes organes ?
Malheureusement, il est déjà trop tard.
J'aurais tant aimé que ce soit possible.
Je voudrais rester.
Peut-être que cela t'aiderait à t'en aller doucement.
Je voudrais rester encore un peu, un tout petit peu.
S'il vous plaît, s'il vous plaît.
Laissez-moi encore près de mon petit garçon.
Il faut partir.
Toi aussi tu dois t'en aller pour ton long voyage.
Victor.
Est-il possible que nos chemins se séparent ici ?

Victor, tu n'as que treize ans, treize petites années, toutes petites années.

Treize années de bonheur intense.

Immense.

En quelques secondes, je revois le jour de ta naissance, lorsque tu es venu au monde. L'infirmière m'a fait couper le cordon ombilical, puis elle a posé ton petit corps dans mes bras. Je t'ai pris et je t'ai dit : « Bienvenue dans le monde des hommes. Tu vas voir, Victor, la vie, c'est magnifique ! » Tu ne pleurais pas, tu gigotais un peu. Puis je t'ai mis dans une toute petite baignoire emplie d'eau tiède et je t'ai murmuré des mots d'amour.

Plus qu'un pas et je serai sorti de ce local.

Je voudrais attendre, revivre ces instants merveilleux que tu nous as donnés.

Je ne me souviens pas m'être fâché une seule fois.

Cela m'inquiétait quand je lisais qu'il fallait asseoir son autorité, m'opposer à toi pour que tu puisses t'opposer à nous et forger ta personnalité.

Je n'ai jamais rien dû exiger de toi.

Tout était simple, naturel, évident, doux, tendre.

L'infirmier soulève la tenture et m'invite à le suivre.

Je voudrais m'envoler avec toi.

Prends-moi avec toi, Victor.

Un dernier regard vers toi, mon Victor, mon fils, mon enfant.

Je t'aime, Victor, je t'aime tellement.

La tenture s'est refermée.

Je suis dans un océan d'eau glacée, je ne peux plus respirer.

Je voudrais te suivre, Victor, emprunter ce chemin.

Pour aller où ?

Peu importe mais encore avec toi.

Sentir ta présence, entendre ta voix, voir ton sourire.

Te regarder vivre.

Lentement, la réalité s'impose.

Je ne hurle plus.

Je ne dis plus rien.

Il n'y a plus rien à dire, à faire, à penser.

Il n'y a plus qu'à pleurer, gémir, souffrir.

Parce que.

Parce que.

Parce que Victor.

Parce que Victor est.

Parce que Victor est.

Mort.

J'envoie un message à ma sœur. J'écris l'irréversible. « Il est mort. » C'est à elle que je demande d'apporter les vêtements pour ton dernier voyage. Je lui dis exactement ce qu'elle doit prendre dans ta chambre. Je sais comment je veux que tu sois habillé. Seule une maman est capable de dire cela, je crois. Un sweat que nous avions acheté ensemble sur lequel tu avais choisi d'imprimer : « Do it with passion or not at all ».

Ton corps sans vie est allongé dans cette chambre d'hôpital.

Je veux passer la dernière nuit de ta vie avec toi, la première nuit de ta mort avec toi.

Je me couche à ton côté, immobile.

Je sais que tu es mort, mais je ne le comprends pas.

J'ai l'impression de vivre une sorte d'effarement.

Je suis sidérée de ce qui t'arrive, de ce qui nous arrive.

Tu ne me manques pas, je t'ai vu vivant et heureux quelques heures plus tôt.

Je suis sûre que tu sais que je t'aime.

Je sais, cette nuit-là, que j'écrirai un livre pour toi,
Mon Adoré.
C'est comme cela que je t'appelle,
Mon Adoré.

Je dois prévenir ta sœur, Louise, qui passe le week-end à Berlin. Elle t'a dit au revoir la veille, tu l'as entourée de tes bras comme tu le fais toujours.

Je ne l'appelle pas le soir de ta mort, je décide d'attendre le lendemain matin. Je sais que je vais interrompre ce week-end avec une immense violence. Je redoute ce coup de téléphone. Comment supporter d'entendre cela ?

J'envoie un message pour annoncer qu'il t'est arrivé quelque chose de grave. Qu'il faut qu'elle me contacte au plus vite. Lorsqu'elle appelle, avant que je prononce un mot, elle murmure : « Dis-moi qu'il n'est pas mort. » Quelques secondes et elle raccroche. Elle refuse de crier sa douleur au téléphone. Elle me protège déjà.

*Je suis seule dans cette chambre avec toi. Je mets de la musique avec mon iPhone, l'*ABC *de Ludovico Einaudi. La même que je choisirai quand ton cercueil entrera dans l'église. Doucement. Parce que je me trouve dans une chambre d'hôpital. En boucle toute la nuit. La plus longue de mes nuits. La musique est pure, sobre, dramatique et douce à la fois. Je passe la nuit à côté de toi, mon enfant mort, et je te berce. Tu es peut-être content de t'en aller pour toujours avec ce morceau-là. Tu le connaissais si bien. À l'aube, quand les infirmières viennent te préparer pour ton grand voyage, je ne coupe pas la musique. Je me dis que cela doit être plus agréable pour elles. Pour préparer un enfant qui vient de mourir.*

Ton absence est tellement brutale, violente, comme cette seconde qui fait basculer ta vie et toutes les nôtres. Pourquoi n'as-tu pas droit à une seconde chance ? Tout ça parce qu'à treize ans tu veux un peu plus de liberté, d'interdit, tu veux faire les choses différemment de tes parents, tu commences à avoir un peu plus confiance en toi et un peu trop dans cette vie, qui, vue d'en haut, te semble éternelle ? Oui, probablement, simplement pour ça.

Couloir.

Une dame, chargée d'aider les victimes, nous rejoint. À quoi bon ? Je me sens totalement imperméable à toute parole étrangère. Je n'existe plus. Je voudrais partir et rester. M'enfuir et m'installer. Crier et me taire.

Tout au long des jours, pas trop nombreux, j'espère, qu'il me restera à vivre, chaque image de cette nuit restera gravée dans ma tête. Alors que, jusqu'à présent, ton nom, Victor, était associé à des rires, des fous rires, des tendresses, des voyages, des retours, des découvertes, des repas, des cinémas, des musiques, des théâtres, des bonheurs. Du bonheur. Le bonheur.

À présent, ce sera la mort.

Je ne veux pas effacer toute ta vie, toute ta joie, tous les sourires que tu nous distribuais, toute la générosité de ton regard. Je sais qu'il va falloir que je m'accroche à cela pour continuer à vivre.

Vivre.

Vivre ?

Vivre sans toi.

Cette perspective me paraît insupportable. Il ne peut y avoir de vie sans toi. Sans mon Victor.

Je me traîne dans le couloir, près de la chambre où, bientôt, on viendra te déposer.

Je suis assis sur une chaise face à un long couloir où, petit à petit, ils arrivent. Mes enfants, ma famille.

Dans leur regard, je lis la même stupeur, la même incompréhension, la même dévastation.

Je sens des mains me prendre, des bras me serrer, des yeux me soutenir, des bouches me dire des choses que je n'entends pas.

Je redoute l'arrivée de mes deux autres enfants, mes deux autres grands amours. Sophie et Xavier.

J'aperçois ma fille, le visage défait. Je la revois petite. Je m'en veux de lui imposer la mort de son petit frère adoré. Je n'ai jamais supporté la peine de mes enfants. Pourtant à aucun moment, ni Patricia, ni moi, ne nous sentons coupables ou responsables de quoi que ce soit. Et quand je vois Sophie s'effondrer, je réagis en père, je voudrais la consoler. Mais aujourd'hui personne ne peut consoler personne.

Xavier, mon grand fils, avance dans ce long couloir, comme s'il portait tous les chagrins du monde. Chaque été, nous partions tous les trois, Xavier, toi et moi, marcher pendant quelques jours. Des jours de bonheur, de partage, de complicité exceptionnelle.

Une année, nous étions partis dans le massif des Bauges, en haut du lac d'Annecy. Un endroit sauvage, authentique, accueillant. Le lendemain de notre arrivée, nous avions choisi l'ascension du mont Julioz. Le guide indiquait quatre heures de marche, « deux souliers », un parcours accessible.

Nous partons dès l'aube, après un solide petit déjeuner. Nous nous arrêtons pour admirer le paysage, boire à une source d'eau claire, photographier une limace qui se prélasse, une vache qui n'a jamais vu de Belges, un chien errant qui nous salue en courant. Sans réel entraînement, je ralentis régulièrement votre allure tandis que vous, mes deux garçons, en tête de peloton, avancez dans la joie sans vraiment sentir les dénivellations alors que mes jambes, mes mollets crient déjà *pitié* et que mon souffle s'épuise.

Pour rien au monde, je ne veux arrêter cette marche forcée : je vous regarde, mes deux gaillards, le grand, le petit. Vous parlez, parlez, parlez et riez aux éclats.

Nous nous trompons plusieurs fois, dévalant, puis remontant d'horribles pentes herbeuses. Péniblement arrivés au sommet, nous devons franchir le fameux mont

Julioz, ce pic rocheux qui, ce jour-là, se trouve dans un épais brouillard. Le chemin est mal balisé. Nous devons suivre des marques blanches, descendre à califourchon des rochers glissants, nous accrocher à des cordes pour gravir des sommets pointus. Je me souviens d'un passage particulièrement escarpé. Entre les brumes, je devine le vide. Pour passer cette corniche, je serre fermement ton poignet pour éviter que tu ne tombes. Tu me dis : « Lâche-moi, Papa, tu m'empêches d'avancer ! » Je te réponds en te serrant plus fort : « Te lâcher, jamais ! »

Louise arrive à l'aéroport. Alice va la chercher. Elles se serrent très fort dans les bras. Tout l'amour qu'elles te portent est dans cette étreinte.

Cinq jours et ce sera ton enterrement. Je ne veux perdre aucune minute. Ce sont celles qui me restent pour toute une vie sans toi. Je sens tellement ce compte à rebours. Je veux vivre ce temps si précieux, si particulier, mais si doux avec toi. Te voir mort, oui, mais te voir.

Les jours sont rythmés par les heures où je peux être près de toi. Deux heures le matin, trois, l'après-midi. Je ressens cette urgence à te toucher, à te dire ce que je dois encore te dire.

Lors de ces deux rendez-vous avec toi chaque jour, j'ai aussi rendez-vous avec cet homme qui s'occupe de toi. Il me parle peu mais te parle à toi. Il a un respect infini pour l'enfant que tu es, je le lis dans son regard. Il ne le sait pas, mais il me fait un bien fou. Le jour où je viens te dire au revoir pour la dernière fois, je lui offre une photo de toi.

Tu emporteras le livre que tu étais en train de lire : Les Cartographes, la Sentence de verre, *de S.E. Grove.*

Tu ressembles au Petit Prince dans ton cercueil blanc. Je te trouve beau. J'ai demandé à ton oncle Alain, mon frère, d'être là au moment de te dire adieu. Ton papa est dans la pièce à côté. Alain me donne sa force et c'est presque un moment de grâce pour nous trois.

Je veux revenir en arrière, revenir à ma vie d'avant.

La douleur est constante, une douleur particulière, nouvelle. Une douleur qui fait vaciller, qui s'accroche en permanence, qui aspire encore et encore. C'est la notion d'irréversibilité qui fait perdre l'équilibre, qui laisse place au plus grand désarroi, au plus grand désespoir. Chaque jour qui passe m'arrache un peu plus à toi. Se remet-on jamais d'une douleur comme celle-là ?

Une douleur étouffante, écrasante, qu'aucune larme, qu'aucun mot n'apaise. Il y a des moments dans une journée où le malheur est trop grand. Trop, trop, trop.

J'envie toutes les mamans du monde qui n'ont pas perdu un enfant.

Je les envie toutes.

J'envie celle qui mendie avec un enfant dans les bras.

Les femmes enceintes qui se réjouissent comme jamais de leur avenir.

Les mamans qui restent au chevet de leur enfant hospitalisé.

J'aurais tellement voulu te soigner, t'emmener au bout du monde, même malade.

J'aurais voulu me préparer à ta mort même si je pressens que la douleur n'en serait pas moins forte.

J'envie toutes les mamans qui n'ont pas perdu un enfant.

Celles qui ont encore l'espoir de le sauver.

Celles qui n'en ont qu'un et qui sont dans la joie de ne pas l'avoir perdu.

J'envie les mamans qui vivent avec leur enfant dans les ruines d'un pays en guerre.

Je serais prête à partir là-bas, pourvu que ce soit avec toi, Mon Adoré.

Prête à mendier s'il le fallait, pourvu que je t'aie dans les bras.

Prête à tout, pourvu que ce soit avec toi.

J'irais au bout du monde, pourvu que je t'y retrouve.

J'irais jusqu'à mourir moi aussi, pourvu que je te rejoigne.

Je les envie toutes.

L'hôpital.
Tu as été installé dans une chambre.
Nous sommes là, famille, enfants.
À ne savoir que dire, que faire face au désastre.
Victor.
Patricia s'installe à ton chevet.
D'autres la rejoignent et te veillent.
Je fais deux pas vers toi.
Je recule.
Je m'écroule.
Je renonce.
Te voir, oui.
Mais mort,
Non.
Cela dure des heures.
J'avance ma chaise vers la porte.
J'entends des voix, des chuchotements.
J'aimerais entrer.
Je ne peux pas.

Je jette un regard furtif vers ton lit.
Je passe et je repasse.
Je ne parviens pas à franchir la porte.
On me dit : « Viens. »
On me dit : « Ne viens pas. »
Je ne sais plus.
J'avance ma chaise dans la chambre.
Je n'ose pas te faire face.
Je suis dans ta chambre mais je te tourne le dos.
Une fois encore, j'admire le courage de Patricia.
Qui te parle.
Doucement, tendrement.
J'attends.
Je n'ai plus de force.
Je ne suis plus rien.
Un corps, un amas d'os, de chair.
Détruit.
Finalement, je me retourne et te regarde.
Tu es beau.
Un peu jaune, un peu bleu.
Mais tu es beau.
Je voudrais tant que ta poitrine se gonfle d'air.
Tu restes immobile.
Victor.
Mon P'tit Lou.
Où es-tu ?

Doucement, je m'apaise, grâce à Patricia.
À nos enfants.

Je ne sais pas comment sera le reste de ma vie.

Le premier jour du reste de ma vie.

On me dit d'aller me coucher.

Oui, je vais y aller.

Je vais rentrer à la maison.

Notre maison, ta maison, Victor.

Patricia veut rester, passer la nuit, ce qu'il en reste, auprès de toi.

Je trouve son geste d'une incroyable beauté, d'une infinie tendresse, d'un amour immense.

Je rentre.

Je m'assomme de somnifères.

Le réveil du premier jour sans toi, Victor, est une souffrance profonde, brutale.

Ce sera ainsi tous les jours, tous les jours, tous les jours.

Je ne le sais pas encore.

Cela ne finira jamais.

Pour moi, la mort va commencer.

La douleur est tellement forte que je voudrais qu'on me l'arrache, qu'on l'anesthésie, comme lorsqu'on est en stade terminal et qu'on demande grâce. Même un an après, même plus d'un an après, ce manque-là reste intenable. Il me ronge, me harcèle, me submerge, me torture au quotidien. Comment tenir ? Comment avancer ? Comment supporter ? Comment continuer ? Comment retrouver l'envie ? Comment ne pas lâcher ? Avec ce mal-là. Ce serait tellement plus simple de renoncer, de ne plus se lever tous les matins en redécouvrant ce drame, de ne plus rien savoir, d'oublier. Mais oublier que tu es mort, c'est t'oublier. Et jamais je ne le pourrai, Mon Adoré.

Tu es le dernier d'une famille recomposée. Quatre aînés. Tu les aimes avec tendresse, respect, complicité. Tu rassembles. Tu es le dernier et tu adores ça.

Tu es le doux, celui qui réconcilie. Tu es content si les autres le sont aussi. Tu trouves que tu reçois trop de cadeaux. Trop, tu n'aimes pas.

Tu désires découvrir le monde, connaître ce que tu ignores encore. Toujours partant, toujours d'accord, toujours heureux. Tu t'inquiètes d'abord pour nous. Tu trouves que tu as beaucoup de chance, trop de chance.

Sophie, tu l'aimes. Tu apprécies sa douceur, sa tendresse, ses rires. Tu aimes quand elle t'emmène monter à cheval, marcher dans la forêt. Quand elle t'invite, pour ton anniversaire ou à Pairi Daiza. Quand elle te prépare des crêpes à la cassonade. Tu t'imagines déjà qu'elle t'apprendra à conduire.

Xavier, ta boussole, ta référence. Il sait tout sur tout. Il peut parler pendant des heures. Tu l'écoutes, ébloui. Tu adores les anecdotes de son parcours scolaire parsemé d'embûches, de farces, d'improbables combines. Tu aimes surfer sur Internet avec lui, découvrir des jeux vidéo.

Tu aimes écouter Alice raconter ses amis, son université. Avec elle, tu te sens bien, tu irais au bout du monde, les yeux fermés. Quand elle t'emmène à la piscine, à Accrobranche, ton regard s'illumine. Tu as confiance en elle, tu admires son parcours, sa volonté.

Avec Louise, tu trouves une forme de paix, de sérénité. Tu te réfugies auprès d'elle quand tu as besoin de tendresse, de calme. Vous aimez être ensemble, vous partagez les bonheurs quotidiens. Vous êtes cool. Complices, vous « gérez ». Les deux « derniers » de la bande se retrouvent souvent à deux à la maison. Pour le meilleur et pour le meilleur.

Tu n'es pas sûr de toi.

Tu ne te trouves pas beau même si tu considères que l'apparence compte peu.

Tu as parfois peur de te lancer avec d'autres que tu ne connais pas.

Tu es réservé.

Tu détestes les conflits.

Tu adores Ernest, ton cousin. Il a deux ans de moins que toi. Tu éprouves pour lui une affection particulière. Un instinct de protection. Il te fait rire avec son insouciance, sa candeur, ce côté enfantin qui te quitte doucement à l'aube de tes treize ans. Il te replonge au cœur de l'enfance et cela te rend heureux. Vous vous voyez souvent. Très souvent.

Le 1er novembre.
Ce sont les vacances de la Toussaint.

Tu pars deux jours avec Ernest. Chez son grand-père, un homme bon, discret, généreux. Une belle âme. Tu aimes la nature, le grand air, la liberté.

Retour à la maison, grasses matinées. Cette semaine est à la fois studieuse et joyeuse. Tu accueilles à la maison les compagnons de classe avec lesquels tu dois préparer un travail. C'est beau de vous voir discuter, coopérer, partager vos connaissances. Cette école te convient bien, tu t'y épanouis. Il y a de la discipline, de l'exigence, mais aussi beaucoup de bienveillance.

Nous organisons aussi pour ta bande d'amis un parcours « d'agent secret » où deux équipes s'affrontent dans une succession d'épreuves physiques et de réflexion. Tu t'en réjouis, décomptes les jours, les heures. Dans l'invitation que tu leur as envoyée, tu as pris soin de préciser que ton papa préparerait un « bolo ». Je vois ton bonheur quand tu accueilles tes copains : vous vous réfugiez dans ta chambre.

La sauce a mijoté une partie de la matinée. J'ai préparé une mousse au chocolat. Je ne savais pas qu'à treize ans, on pouvait manger autant. Sur les photos prises au dessert, on devine autour de vos bouches les traces rouges de ma bolognese…

Trop heureux, le papa.

Dans la voiture, à l'aller, l'excitation est à son comble. Au retour, l'ambiance est survoltée, chacun a une anecdote à raconter :

— Papa, c'était trop cool. On a vraiment adoré !

— Oui, merci, Monsieur, c'était l'un des plus beaux jours de ma vie… ! s'exclame un de tes amis.

Ils ne te reverront pas vivant.

Je vis intensément à tes côtés. J'organise mon temps au travail pour être présente quand tu es là. Je ressens toujours un besoin vital à être le plus possible avec toi. J'adore te retrouver à la maison. Tu as l'air tellement heureux de me voir. Jamais contrarié, curieux de savoir si j'ai passé une bonne journée. « Et toi, Maman ? Et toi, et toi, et toi ? » Je sais que j'ai beaucoup de chance. Je me le répète souvent. Aujourd'hui, je me demande si cette urgence à te voir pressentait la peur de te perdre. Toutes les mamans ont peur un jour ou l'autre de perdre leur enfant.

Souvent je te dis : « Tu es mon garçon préféré ! » Tu te moques de moi gentiment : « Facile, tu n'en as pas d'autre ! » Je n'en aurai jamais d'autre.

Notre complicité, c'est la lecture. Tu me racontes tes livres et, moi, les miens. Tu lis à n'importe quelle heure – au petit déjeuner, affalé sur le canapé du salon ; assis sur la terrasse, à l'ombre, le samedi après-midi, une jambe repliée et un chapeau sur la tête ; le soir, dans ton lit, jusqu'à pas d'heure. À ta demande, j'emporte toujours le livre que tu es en train de lire quand on t'emmène au restaurant.

Nous programmons des sorties-librairie à deux presque tous les dimanches. Parfois, nous regardons les livres, juste pour le plaisir. Tu te fais conseiller et tu adores ça, même si je te vois, timide, face à la libraire qui se démène pour susciter ton intérêt. Tu écoutes ce qu'elle te propose, tu parles à peine et puis tu choisis. En général, tu hésites peu et mes tentatives pour t'influencer restent vaines. J'aime t'entendre parler de tes lectures. Entre les lignes, c'est toi que je lis.

Quel bonheur de t'avoir dans ma vie,
Quel malheur sans toi.

Au début de ton dernier été, tous les deux, nous partons cinq jours à Barcelone. Je suis fière de partir seule avec Mon Adoré. *J'espère tant être à la hauteur. Nous parcourons la ville à pied, tu admires l'architecture et tu me fais tes commentaires. Moi, c'est toi que j'admire. J'ai de la chance d'avoir un garçon comme toi. Un garçon qui s'adapte à sa maman, qui accepte de se lever à l'aube, de rester des heures sur la plage en pleine chaleur, de parcourir les ramblas et les magasins, de visiter les musées et les parcs. Tu n'exiges rien. Tout est bien. « Et toi, Maman ? Tu préfères quoi ? » Nous parlons toute la journée. Je me rappelle t'avoir demandé un matin, comme ça, par hasard : « Et si Papa meurt, tu dirais quoi ? » Je ne m'attends pas à ta réponse : « Je serais triste évidemment, mais c'est la vie, Maman. » Tu as une force en toi qui me donne la mienne. Tu me guides dans la ville, moi qui n'ai aucun sens de l'orientation. Tu entres dans les magasins de vêtements et tu me conseilles, même si je sais que ce n'est pas l'activité que tu préfères. Tu fais tout pour me plaire. Tu me remercies sans arrêt.*

Quelques jours avant ta mort, je t'emmène choisir une tenue élégante parce que tu dois aller à un dîner d'adultes. Tu détestes les achats de vêtements. Le strict minimum, c'est encore trop. Nous entrons dans un magasin. Heureusement, la vendeuse comprend ce qu'elle doit te proposer. Tu essayes un veston, tu sors de la cabine d'essayage : « Tu trouves que ça me va bien ? » Tu te balances d'un pied sur l'autre. Je te sens à la fois mal à l'aise et fier d'être celui que tu découvres dans le miroir. La vendeuse remarque ton hésitation et t'encourage. J'adore ce moment. Toi aussi, je crois, sans oser l'avouer. Tu as l'air si heureux.

Aujourd'hui, j'aime le porter, ce veston.

Je réapprends ta mort chaque matin. Cette nouvelle vie où je vis avec ta mort, je dois la reprendre à zéro. Tout recommencer. C'est étrange. Comme si ma vie était annulée chaque soir par ta mort. Probablement parce que c'est une vie en apparence. Je ne peux pas vivre une vraie vie sans toi. La nuit, tout s'en va, la vie apparente s'évanouit, et il ne reste que ta mort au réveil. Brute. Nette. Sans sursis. Sans douceur. Rien que de la douleur. Tous les matins. La douleur au réveil. Un combat, une négociation entre ma vie et ta mort. Tous les matins. Ta mort qui n'en finit pas, qui m'étouffe un peu plus chaque jour, Mon Adoré.

Un jour, tu décides de nouer tes lacets plus vite que ton ombre pour gagner du temps, le matin, avant de partir à l'école. Tu mémorises une nouvelle technique trouvée sur Internet. Chaque fois que je te vois faire, je ris. « Trop stylé, Maman, regarde ! »

Mes larmes dévalent la pente de ta perte.
Elles me donnent le vertige.

Pour tes douze ans, nous t'offrons une photo géante de New York. Tu te précipites dans nos bras pour nous remercier : « Elle est trop belle ! » Quand ton papa et moi nous t'annonçons notre intention de t'y emmener pour le Nouvel An, tu éclates en sanglots : trop ému, trop content, trop heureux, trop… Nous fêterons ton dernier nouvel an là-bas.

Ta vie aura peut-être été plus belle que la nôtre.
Une maman ne peut imaginer avoir une vie plus belle que celle de son enfant.

Je retrouve ta maman à l'hôpital.
Elle t'a veillé toute la nuit.
À présent, on t'a emmené pour te préparer.
Au voyage.
Tu dois être beau.
Où iras-tu ?
Es-tu déjà parti quelque part ?
Ton âme a-t-elle déjà gagné une autre rive ?
Qui as-tu rejoint ?
Vis-tu ailleurs ?
Sous quelle forme ?
Avec qui ?
Est-ce le néant absolu ?
Le mieux, la vie éternelle ?
Ou le Rien ?

J'aimerais pouvoir me raccrocher à mes convictions chrétiennes, aux phrases que je récite depuis soixante ans dans les églises, même si je n'y vais plus régulièrement. Mais en ce moment, il est difficile de croire que nous nous retrouverons un jour quelque part. Je pense à cette phrase de François Mitterrand qui, affaibli, dans son dernier discours de Noël, avait dit aux Français : « *Je crois aux forces de l'esprit.* » J'avais trouvé cela d'une force et d'une élégance rares.

Je m'enfonce dans un marécage froid. Je pense à cette image de deuil qui m'avait bouleversé, après la mort du roi Baudouin. Quelques jours après son décès, il avait été rapatrié en Belgique. Je revois le cercueil, porté par une escorte, descendre de l'avion militaire et longer les membres de la famille royale qui se tiennent debout. La reine Fabiola est anéantie, le regard caché derrière des lunettes sombres.

Quelques jours plus tard, aux funérailles du roi Baudouin, elle apparaît tout de blanc vêtue, le visage serein, apaisé, presque souriant. C'est une évidence, elle a cheminé, elle vit désormais dans l'espoir certain de le retrouver. D'où lui vient cette force, cette énergie, cette beauté face à la mort ? De la foi. Où est la mienne en ce moment ? J'essaye de prier. De m'adresser à l'un ou l'autre. Mais rien ne vient.

Nous te retrouvons à la morgue. Rien qu'à lire ce mot sur les plaques nous indiquant le chemin à suivre, j'ai envie de vomir.

Tu es « le préféré » des personnes chargées de gérer les corps qui sont allongés ici.

Il y a une bienveillance ultime, une extrême compassion de ces hommes et de ces femmes qui font cet étrange métier.

Patricia a choisi des vêtements que tu aimes.

On t'a habillé comme si c'était un jour pareil à un autre.

Sauf que tu es couché.

Froid.

On t'a réservé une petite chambre.

Tu es prêt.

Tu nous attends.

Je ne parviens pas à entrer dans cette chambre aux portes coulissantes, tendue de tentures aux tons pastel.

Patricia y entre, en sort avec les personnes qui sont venues nous soutenir.

J'aimerais avoir cette force, ce courage.

Dès que je fais un pas vers toi, mon corps se tord, mes entrailles remontent, mon esprit s'embrouille.

Est-ce vraiment toi qui es là ?

Je voudrais être quelqu'un d'autre.

Je me sens lâche.

Pourquoi ne pas oser te voir ?

Porté, soutenu par des amis, j'arrive enfin à franchir ces portes.

Les portes de l'enfer.

Mais non, tu ne peux être en enfer, toi, si pur, si tendre, si joyeux, si généreux, si solidaire.

Que fais-tu là ?

La vie t'attendait.

Mais tu es là dans ta boîte.

Et je me pose cette question.

Couché dans ton cercueil blanc, est-ce que tu me vois me traîner jusqu'à toi, me vider de toutes mes larmes, gémir, souffrir, pâlir ?

Pourquoi ne m'envoies-tu pas un petit signal ?

Un tout petit.

J'en reçois un.

Je vais au supermarché.

Je cherche des allumettes.

Qu'y a-t-il dans ce rayon ?

Une énorme boîte rouge de Trésor, ces infâmes céréales que tu dévorais et que je courais racheter.

Je trouve ce paquet au milieu des allumettes.

Je souris.

Je pleure.

Tu es là, toi aussi, mon Victor.

C'est ridicule.

Tout est fini.

Fini.

Je ne peux pas rester longtemps auprès de toi.

Ton visage est lisse.

Tu es, paraît-il, en paix.

Mais ne l'étais-tu pas avant ?

Victor. C'est tellement étrange de ne plus pouvoir prononcer ton prénom, si violent de ne plus te nommer.

Chaque fois que j'en ai l'occasion, je m'arrange pour le dire. Quand je bois un verre, je le lève « À Victor ! », quand j'allume une bougie, je te la destine. Vital pour moi de te nommer encore.

Le bruit des marches descendues deux par deux, le « toc toc » à la porte de notre chambre tous les matins avant l'école, le « Coucou, Maman » au moment de tourner la clef dans la serrure avant de m'apercevoir. Ta manière de dire « trop » : « trop content », « trop heureux », « trop bien »… Le manque. Une vie derrière ce manque. L'amour aussi.

Tu ne peux être mort. Insensé que tu ne vives pas la vie que je vis. Impensable que tu ne voies pas ce que je vois aujourd'hui, demain et après-demain.

Tu es mort. Des mots qui ne vont pas ensemble, si difficiles à prononcer, même des mois après. Des mots que très peu comprennent. Peu prennent la mesure de l'énorme qui nous arrive. Beaucoup pensent que le temps va aider. Jamais. Le temps qui passe m'éloigne de toi vivant et m'entraîne dans un tourbillon de douleur, de manque et d'absence.

Je décide très vite de continuer à paraître. Tenir. Coiffée, habillée, maquillée malgré mon enfant mort. Déjà le jour de ton enterrement, mon adorable coiffeuse, que tu connais bien, est là. À 7 heures du matin, pour que je sois belle avant qu'on ferme ton cercueil. Futile, dérisoire, sans importance. Pour moi, c'est une forme de dignité devant l'atrocité.

Parfois, je me dis que si je m'étais complètement laissée aller, je devrais moins justifier ma douleur auprès de certains. Justifier l'injustifiable. Prouver que ta mort est aussi la mienne au quotidien. J'ai l'air d'aller bien pour ceux qui ne me connaissent pas ou qui ne veulent rien savoir. Plus facile de se dire que je vais bien ou mieux. Cela évite de s'impliquer. C'est rassurant. Moins culpabilisant pour l'entourage d'imaginer que je suis en forme. La vie peut continuer comme avant. Comme s'il n'y avait jamais eu d'enfant mort.

Nous préparons la messe. Un homme nous sauve, nous tire, nous inspire. Gabriel Ringlet. Il t'a baptisé treize ans plus tôt. J'ai déjà vécu des moments bouleversants à ses côtés. En 1999, j'étais avec lui, prêt à déjeuner, le jour où j'ai appris la mort de mon père. Comme si quelqu'un l'envoyait chaque fois que j'ai un urgent besoin de lui.

Nous sommes rassemblés à la maison, au coin du feu avec nos enfants, nos frères et nos sœurs. Gabriel Ringlet nous demande de parler de toi. Chacun évoque une anecdote, une image, une conversation. Il y a tellement de douceur, d'amour, de tendresse dans tout ce qui est dit. Tu es si vivant dans ce temps suspendu où nous te racontons à tour de rôle.

Je me pose la question du « Pourquoi ? ». D'autres veulent savoir « Comment ? ». À quoi bon ? Je ne partage pas cette volonté de savoir ce qui s'est passé. Peut-être trouvera-t-on l'explication sur ton téléphone ? On cherche partout, partout. Ton téléphone, tes mots de passe. On fouille. Je déteste l'effervescence que cela provoque. J'entends des messes basses. On veut me protéger au cas où il y aurait des images de tes derniers instants. Quelle importance puisque tout est fini. Heureusement, rien n'a été filmé. Je suis terriblement soulagé. Sur une dernière vidéo, on te voit juste avant. Radieux. Comblé. Tu domines le monde.

Les jours qui suivent se ressemblent. Le matin, nous allons à la morgue. Nous y passons quelques heures. Patricia auprès de toi, moi, en retrait. Tes amis viennent te saluer une dernière fois. Chaque soir, chez nous, nos enfants, notre famille, nos amis nous entourent. Ils nous arrivent les bras chargés d'émotion. Que serions-nous sans eux ? Morts avec toi.

De cela, je veux parler. Cette envie d'être encore et toujours, toujours auprès de toi, nous pousse, Patricia – je le sais – et moi aussi, à vouloir te rejoindre là où tu es. Mourir, tout simplement. Pour être avec toi, dans ce même espace-temps. Après on verra. Pour que cesse cette douleur, ce manque absolu qu'est l'absence, la perte d'un enfant de treize ans. Cette pensée, cette envie, cette tentation reste en moi. Des mois. Quand je prends le métro ou le train, je dois m'éloigner des rails quand la rame ou le wagon arrive. M'accrocher à quelque chose de tangible pour résister à l'envie de partir.

Pourquoi tenir ?

Parce qu'il y a une force de vie en moi.

Parce qu'il y a nos autres enfants. Qui souffrent eux aussi, chacun à leur manière. Pour eux, par eux, à travers eux, je continue à vivre. Ils sont ma force, mon avenir. Ma vie.

Être là, avec toi, jusqu'au bout. Jusqu'à ton dernier souffle. Et après ton dernier souffle. Rester là, encore. Impression irréelle. Troublante, désespérante mais belle à la fois. Une maman qui veille son enfant. Même s'il est mort.

Tu adores manger.

Tu n'es pas exigeant. Souvent, tu te contentes du régime quasi végétarien de ta maman : avocat, tomates, mozzarella, salade, carottes, Cracottes.

Mais tu adores aussi aller au restaurant : tu choisis des entrecôtes, des hamburgers, du vol-au-vent, du poisson. Et, pour dessert, tu ne résistes pas au fondant au chocolat, légèrement coulant à l'intérieur, accompagné d'une boule de glace.

L'été 2016, pour notre trek annuel avec Xavier, nous avons choisi le Cantal. J'ai vu ces paysages magnifiques à la télévision, par hasard, lors d'une étape du Tour de France. Pays de volcans, de vaches, de fromages.

Cet été-là, après une semaine à Barcelone avec ta maman, tu as passé une semaine sportive chez un grand ami, au Cap Ferret. Une photo prise lors de ce séjour trône aujourd'hui dans la cuisine : fait nouveau, tu ris d'un large sourire, laissant apparaître ton appareil dentaire alors que d'ordinaire, tu souris sans montrer les dents. Quand je regarde cette photo, j'entends ton rire. Là-bas, tu as découvert le surf sur les vagues de l'Océan. Dans les messages que tu nous envoies, tu décris tes progrès mais aussi le danger, la peur lorsque les vagues te submergent.

Nous te récupérons près de Bordeaux. Tu t'avances. Il me semble que tu as grandi… bronzé, lunettes de soleil, je t'imagine quelques années plus tard, beau, grand. Je vous ai réservé une surprise : nous passons la première nuit dans l'hôtel qui fut le camp de base des Diables rouges un mois plus tôt, lors de l'Euro 2016. Il y a encore des drapeaux belges, des photos de notre équipe nationale. Le personnel est aux petits soins pour les petits Belges.

À la piscine, je t'observe du coin de l'œil. Est-ce bien à toi ce torse musclé, ces tablettes de chocolat ? Je suis tellement frappé que j'appelle ta maman pour lui dire que notre fils a « physiquement » changé en une semaine… Le soir, ton frère nous offre le dîner. Moi, je cale vite. Vous vous gavez.

Le lendemain, nous projetons d'aller visiter la grotte de Lascaux, malheureusement assaillie par les touristes. Nous rebroussons chemin. Pas grave, nous y reviendrons… La vie est longue, non ?

Cap sur l'auberge d'Aijean. Journée torride, le mercure dépasse 40 degrés. En chemin, nous nous arrêtons plusieurs fois pour photographier ces montagnes douces, herbeuses.

Nos cinq jours de marche nous procurent un véritable bonheur physique mais aussi presque spirituel. Le matin, le petit déjeuner est servi dehors, face à un cirque de montagnes que nous ne nous lassons pas d'admirer. La journée, nous marchons. Vous devant, moi à la traîne, mais si heureux de voir votre complicité. Ton frère s'adresse souvent aux vaches que nous croisons, elles lui répondent ou s'enfuient. Et toi tu ris tellement. J'ai enregistré ce rire. Mais aujourd'hui, l'écouter me transperce.

Un jour, vous décidez de franchir une montagne. Je renonce et vous attends dans la vallée. Les nuages arrivent vite, l'orage menace, éclate. Je suis fou d'inquiétude.

J'attends une heure, puis deux, je scrute le versant où j'espère vous apercevoir. Enfin, détrempés, vous arrivez, comme si vous aviez franchi l'Annapurna.

Comme tous les soirs, nous nous attablons dans cette auberge où les patrons sont aux fourneaux : j'ai le sentiment de prendre trois kilos chaque jour, mais je suis trop heureux de vous voir déguster les spécialités locales.

Déjà, c'est la fin. Nous rêvons : où irons-nous l'an prochain ? Pays basque, Dolomites, Écosse, Irlande ?

Nulle part.

Le temps qui passe est mon pire ennemi. Je ne veux pas que tu grandisses dans cet ailleurs où je ne suis pas. Tu auras toujours treize ans. Je te revois souffler tes treize bougies, un peu mal à l'aise devant tout ce monde autour de toi qui danse et trinque à tes belles années à venir. Je te vois vraiment heureux. Tu avais dit à ton papa quelques semaines plus tôt : « Tu sais, je suis vraiment content de grandir, pas seulement en taille, mais globalement. » J'adore ce « globalement » qui dit ton attention aux autres, ton intérêt grandissant pour tout ce qui n'est pas toi et qui n'est pas nous, ce monde que tu découvres peu à peu et qui te tend les bras comme jamais.

Que s'est-il passé pour que tu ne mesures pas le danger à monter sur le toit de la maison ? Pourquoi n'ai-je pu te protéger toi, ton frère et tes sœurs d'un si grand malheur ? Toi, si calme, si raisonnable, si réservé ? Pourquoi veux-tu regarder ta vie de si haut ? Tu montes plusieurs fois sur ce toit. Je retrouve plusieurs photos dans ton téléphone. Prises à la tombée du jour. Splendides. Une lumière particulière y éclaire la ville. Tu dois trouver le spectacle magnifique. Rêver, te raconter des histoires en prenant ces clichés à l'insu de tous, seul là-haut.

Tout le temps ensemble. Depuis que vous êtes petits, Ernest et toi. Comme deux frères. Ernest t'admire même s'il n'en montre rien. Vous passez régulièrement vos vacances ensemble. Je ne vous vois jamais vous disputer. Tu passes beaucoup de temps chez Ernest qui t'accueille toujours avec une immense joie. Son père t'appelle Mon Victor *: « Ah, Mon Victor, comment vas-tu ? » Comme beaucoup d'enfants de votre âge, vous aimez vous filmer. Vous vous enregistrez l'un l'autre et regardez vos montages sur l'iPad. Vous avez dû adorer vous mettre en scène dans le plus beau décor qui soit, le toit de la maison.*

Tu meurs parce que tu es un enfant.
Tu meurs parce que tu es insouciant.
Tu meurs parce que tu joues.
Seuls les enfants jouent.
Tu meurs parce que la mort ne fait pas partie du jeu.

Depuis que tu es mort, la hauteur des maisons me hante. Je cherche toujours s'il y a une fenêtre, comme dans ta chambre, permettant de monter sur le toit. Je regarde et je me demande si tu es le seul à avoir eu cette idée-là. Je me demande pourquoi tu as glissé. Pourquoi est-ce toi qui es tombé ? Il y a des milliers de fenêtres qui donnent sur la pente d'un toit dans cette ville.

Le matin, je t'entends descendre l'escalier, ou plutôt sautiller. Comme un appel à la vie. Cela fait tac tac tac, tac tac tac, tac tac tac. Tu frappes à notre porte. Toujours trois fois. Toc toc toc. Et nous te voyons apparaître, frais et tout sourire.

— Ça va Victor ? Bien dormi ?

— Très très bien dormi.

En dehors de quelques insomnies, il y a des années, tu dors toujours « Très très bien. Et vous, ajoutes-tu dans la même phrase. Et vous ? ». Toujours ce « Et vous ? ». Toujours ce « Et toi ? » qui me touche. Parfois, je sens les larmes me monter aux yeux.

Tu te jettes sur notre lit en prenant soin de ne pas y poser tes chaussures.

Tu descends déjeuner. Je voudrais que tu prennes un repas équilibré : pain complet, yaourt, jus d'orange… Mais tu te jettes sur ton bol de céréales et son emballage rouge, déconseillé par tous les nutritionnistes et naturopathes de la terre. Mais toi, tu adores. Tu ne résistes pas à l'envie d'ouvrir le livre du jour et de t'en enfiler quelques pages. À table, on ne lit pas. Mais empêche-t-on un enfant de lire ? À 8 heures, tu noues ta cravate à la hâte – uniforme obligatoire –, tu enfiles ta veste, te charges de ton lourd cartable, nous embrasses et sors.

Toujours, toujours, je t'accompagne jusqu'au seuil de la maison pour un dernier signe et je te regarde t'éloigner sur ce trottoir, ce trottoir qui, le 4 novembre, n'aura même pas l'intelligence de se transformer en ouate pour te recueillir. Je te vois partir. Quelle chance j'ai de te voir t'en aller, sautillant vers l'école. Et je te dis, papa poule, une dernière fois : « As-tu ton pique-nique ? N'as-tu rien oublié… » Tu éclates de rire, prends un faux air exaspéré : « Papaaaaa ! » Et tu t'en vas, le cœur léger.

Le bonheur, c'est aussi t'appeler, au retour de l'école. Je me force à attendre au moins une demi-heure pour que tu ne te sentes pas surveillé. Juste pour entendre ta voix. Les cours finissent à 15 h 30. Tu sors de l'école, papotes un peu avec tes amis. Et rentres. Tu t'enfiles un nouveau bol de Trésor. Puis tu lis, fais tes devoirs, ouvres ton ordinateur. Je décompte les minutes et vers 16 h 30, n'y tenant plus, je t'appelle. J'entends encore le drôle de bruit de l'étui de ton téléphone :

— Salut 'Pa.

— As-tu passé une bonne journée, Victor ?

— Oui très, très bonne, ‘Pa, et toi ?

Parfois, je n’y tiens plus, je m’autorise un rapide aller-retour à la maison. J’avale un café et je repars illico au journal.

Ernest descend les étages à toute vitesse. Il n'a jamais été aussi vite. Il se frappe la poitrine en dévalant les escaliers et en disant tout bas mais à haute voix « Mon Dieu, mon Dieu, mon Dieu ». Il a encore un fol espoir au moment de cette folle descente. Un fol espoir qui se termine par son face-à-face avec toi. Étendu sur les pavés humides devant la maison. Ernest te parle, pas de réponse. Il rentre et appelle Alice. Un cri animal. Un cri de désespoir. Un cri tellement inhabituel qu'Alice comprend qu'il s'est passé quelque chose de grave.

Nous partons te chercher à la morgue. Nous sommes entourés de nos enfants et de nos proches. Serrés autour de toi. Il est impossible que tu ne perçoives pas notre amour infini. Pour ton voyage, nous glissons dans le cercueil un livre que nous te dédicaçons tous. Nous sommes ensemble.

Vient le moment de refermer le cercueil.

Nouvelle défaillance.
Je ne peux assister à cela.
Patricia, oui.
Avec ton oncle Alain.
Depuis quelques jours, me viennent de nouvelles images.
Comme si c'était moi qui me trouvais couché dans ton cercueil.
Ou plutôt non.
C'est bien toi, mais je vois ce que tu vois à ce moment-là.

Une porte qui se ferme.

À tout jamais.

Mon esprit m'envoie sans cesse cette image.

Je prends ta place et je vois le cercueil se fermer au-dessus de ma tête.

Dans un réflexe vital, je tente d'empêcher que l'on referme le couvercle de la boîte blanche dans laquelle on m'a couché.

Je n'assiste pas à la fermeture.

Nous partons vers l'Église.

Sur les marches avec Patricia. Nous n'avons pas prévu d'accueillir les personnes qui nous rejoignent. C'est pourtant ce qui se passe. Elles arrivent par brassées. Nous sommes émus de les voir, émus aux larmes. Des amis, mais aussi des gens que nous ne connaissons pas, venus nous offrir leur empathie, leur émotion. Je pense *Et moi, l'ai-je fait quand d'autres en ont eu besoin ?*

Six de nos amis te portent de l'entrée jusqu'au cœur de l'église. Ils sont beaux avec ton cercueil blanc à l'épaule. Nous avons l'impression qu'ils t'emmènent en voyage.

Mes yeux ne voient que toi. Je serre la main de ton papa. Nous sommes deux, ton papa et moi ; trois avec toi, seuls dans cette église bondée.

Nous entrons dans l'église.

Est-ce moi qui marche lentement derrière ton cercueil ?

Derrière toi, mon fils.

Mon Victor.

Est-ce moi, dans mon costume bleu, qui avance à pas lents, dans cette église bondée ?

À côté de moi, Patricia, dont je serre la main.

Nous devons marcher.

Avancer.

Je n'ai qu'une envie.

Hurler.

Crier ton nom, Victor.

Crier si fort pour que tu te réveilles.

Pour que nous continuions la vie qui était la nôtre.

Je ne veux pas être là.

Pourtant, nous avançons, ta maman et moi.

Noués l'un à l'autre.

Derrière ce cercueil blanc.

Je ne vois personne dans l'assemblée.

Je regarde droit devant.

Je sens des visages, des regards.

Je vois des yeux rouges.

Des larmes qui coulent.

Des visages crispés.

Des dos courbés.

Des mines meurtries.

Je ne distingue personne.

Qu'est-ce donc que cette vie ?

Cette vie qui casse ?

Cette vie qui traîne vers la mort notre fils ?

Qui décide d'ôter la vie aux enfants ?

Pourquoi te désigner, toi ?

Victor, la vie, la victoire, l'or, tout est dans ton prénom.

À la première imprudence, on te sanctionne, on te blesse, on te tue.

J'avance, accroché à la main d'une femme, ma femme.

Patricia.

Qui, un jour, m'a demandé : « Veux-tu vivre un enfant avec moi ? »

Oui.

Nous sommes là, à l'entrée de l'église, presque souriants, sans savoir ce que nous sommes en train de faire. Sauf que tous les regards sont graves. Tous les vêtements sont sombres. Il y a de l'effroi dans les yeux et du désarroi. Parfois je reconnais quelqu'un et je lui dis, sans doute : « Merci d'être là. » Beaucoup me prennent dans leurs bras. Et puis arrive une voisine. Je ne la reconnais pas. Elle murmure : « J'ai vu plusieurs fois votre enfant sur le toit, si j'avais su… » Elle entre dans l'église et moi, je marche derrière le cercueil de mon enfant.

Les élèves de ton école descendent du bus scolaire et entrent en silence, en rang, dans l'église. Ils sont tous en uniforme impeccable, chemise et cravate. C'est le premier geste que tu faisais en rentrant de l'école, jeter ton cartable d'une main et défaire ton nœud de cravate de l'autre. Je les vois tous habillés comme toi et je n'imagine pas que tu ne sois plus jamais au milieu d'eux. Eux non plus ne l'imaginent pas. Ils déposent chacun une plume de couleur sur ton cercueil blanc, en tournant, comme si tu étais au centre d'une farandole. Ils dansent autour de toi sur une musique de Vivaldi, effarés de dire adieu à un enfant qui a exactement leur âge. À leur ami, à leur copain de classe qui ne peut être mort puisque eux sont en vie.

Je ne pleure pas. Je ne tremble pas. Je suis debout devant tout ce monde venu te dire adieu. Je suis la première à parler. Ma voix est claire. Je lis ton autoportrait et je suis fière de te présenter. De te représenter. Tu es là à côté de moi et c'est pour toi que je tiens. Il y a un silence absolu dans cette église où ma voix résonne. Nos enfants me regardent. Ils s'avancent à leur tour, eux aussi, et s'adressent à toi pour toujours. C'est sobre. Bouleversant de les voir tous les quatre, solidaires devant l'épreuve de leur vie. Debout, eux aussi, pour montrer l'exemple. Je suis assise tout près de toi et je les entends parler de toi. Et je les vois. Et tu es là au milieu de nous, même si je ne peux déjà plus te voir.

Ton frère et tes sœurs ont le courage de parler, de dire tout l'amour qu'il, qu'elles ont pour toi qui t'en vas. Je les vois à quelques mètres de moi. Je les trouve admirables, forts, émouvants, beaux. Ton frère parvient à faire rire l'assemblée. Dingue. « Trop », dois-tu penser.

Tu as quelques mois, tu ne sais pas encore marcher ni parler, mais déjà, il y en a un qui te fait rire aux éclats, ton grand frère. Je vous revois tous les deux, toi, dans un Relax et, lui, à genoux devant toi en train de faire toutes sortes de grimaces qui t'enchantent. Plus grand, tu écoutes, passionné, ses récits interminables, inventés ou non, que seuls tous deux vous comprenez. On dirait que ces histoires sont racontées dans une autre langue. En tout cas, moi, je n'y comprends rien. Tu adores tous ses excès, tu admires ses audaces, il est ton modèle, tu rêverais d'être comme lui. L'humour ne le lâche pas, même dans l'extrême gravité. L'humour à travers tout, contre tout, pour rester debout, vivant, au-delà de la douleur et du désespoir. L'humour dans une église pour retenir les larmes, l'humour comme rempart face à la mort.

Ta grande sœur. Le jour où elle part au Pérou pour une mission humanitaire de six mois, elle t'offre un énorme calendrier pour que tu puisses barrer chaque jour qui te sépare de son retour. Ce calendrier, tu le colles sur la porte de ta chambre et tu décomptes ce qu'il te reste avant de la retrouver. Ton impatience grandit chaque jour plus. Parfois tu te décourages. Tu la retrouves avec un immense bonheur. Tu la vois peu mais tu adores passer du temps avec elle. Je t'entends dire un jour : « Si Sophie est heureuse, moi aussi. »

Patricia lit, à l'entrée, l'autoportrait que tu as rédigé au cours de français. Je me revois, découvrant ce texte que tu me tends. Un peu hésitant. « Tu peux le relire ? » D'emblée, je suis surpris par ce texte, bien écrit, empreint d'humour et de finesse. Il y a, dans ces mots écrits par un enfant de treize ans, bien plus qu'un autoportrait. J'y vois un avenir. Tu te tiens à côté de moi et attends mon verdict : « Dis-moi, sincèrement, 'Pa. »

— Il y a des journalistes qui n'écrivent pas comme toi.

Je te regarde. Je me sens fier.

La voix de ta maman envahit l'église avec une intensité maternelle, charnelle, presque cruelle : *« Je m'appelle Victor et j'ai treize ans. Je suis né le 29 août durant la mémorable canicule de 2003. J'habite à Bruxelles, notre chère capitale. D'ailleurs, une grande partie de ma famille y vit aussi. Mes cheveux sont brun clair, coupés court. J'ai des yeux châtains eux aussi, un nez, une bouche, deux oreilles en parfait état et cela me suffit amplement. Les gens autour de moi me définissent souvent comme un garçon sympathique… mais aussi un peu distrait. J'ai trois sœurs et un frère. Tous sont déjà grands : la plus jeune, Louise, a vingt ans. Elle fait des études de droit et part emménager à Louvain-la-Neuve cette année. La deuxième, Alice, en a vingt-deux. Elle voudrait devenir pédiatre (comme ma mère) et entre en cinquième année de médecine. Cela fait longtemps qu'elle n'habite plus avec nous à la maison. Mon frère lui, aura bientôt vingt-sept ans. Il vit à Lille depuis plusieurs années et est programmeur dans une petite entreprise pleine d'avenir. La plus grande, quant à elle, va fêter son trentième anniversaire en novembre. Elle est mariée et vit légèrement en dehors de Bruxelles. Tout cela implique que je vis en fait seul avec mes parents. J'ai entrepris de nombreux sports comme le basket, l'athlétisme ou encore le judo mais aucun d'entre eux ne me plaisait assez pour continuer à en faire. Je pense que les deux seuls sports qui m'ont finalement convenu sont le tennis et l'escalade, mais je ne nie pas que le vertige s'empare encore souvent de moi. Une de mes grandes passions est de découvrir le monde, de nouveaux pays proches ou lointains, de nouvelles cultures : je ne m'en lasserai jamais. Même si les possibilités sont innombrables, je ne sais pas encore quel métier je pratiquerai. Je pourrais devenir avocat, architecte ou encore journaliste, mais je ne pense pas que mon avenir soit derrière un bureau… »*

Et puis il y a tes oncles. D'abord Alain : « Si je n'ai que mes pensées à vous offrir, sachez qu'elles seront tendrement complices de votre souffrance. Si je n'ai que mon cœur à vous offrir, sachez qu'il est bouillant et gigantesque. Si je n'ai que mes bras à vous offrir, sachez qu'ils sont suffisamment grands pour vous enlacer tous les six à la fois. » Puis le papa d'Ernest : « Victor, mon très grand Victor, je n'ai pas dit mon dernier mot. Je reste ton parrain, et je te fais maintenant la promesse d'être là pour tes parents. » Ton papa est le dernier à parler. Il raconte le quotidien avec toi. Je voudrais que son récit ne s'arrête jamais, que ce bonheur ne nous ait jamais quittés. Il parle en souriant et en pleurant en même temps. Et ses larmes rejoignent celles de tous ceux qui sont là. L'homélie s'achève sur : « C'est ici, maintenant, aujourd'hui qu'avec Victor, nous entrons dans l'éternité. » Je redoute que la messe pour mon enfant se termine. Que la porte se ferme. Qu'on doive te dire adieu à jamais. Sortir de l'église est le plus dur. La messe est si courte. Elle a pourtant duré deux heures. Je n'ai pas eu assez de temps. À nouveau un arrachement. C'est fini. Pour toi. Pour nous. Plus rien après. Juste un désespoir où il faudra trouver l'espoir.

Je suis là, aux côtés de Patricia.

À quelques mètres, un cercueil où repose notre fils mort.

J'ai le sentiment que ce n'est pas moi.

Ma vie ne peut connaître ce retournement mortel.

J'ai toujours eu le sentiment, malgré les blessures, que j'avais de la chance.

Rien de grave ne pouvait m'arriver.

Tout s'est écroulé.

Le destin a vaincu.

Je ne sais s'il y aura une vie après Victor,

Si je parviendrai,

Si nous parviendrons, Patricia et moi,

À trouver un chemin, une sortie de secours, une improbable issue.

La messe est un temps suspendu.

C'est fini.

Nous refaisons le chemin en sens inverse.

Toujours derrière ce cercueil où tu reposes.

Que faisons-nous là ?

Ernest te filme.
Il est euphorique.
Votre complicité est totale.
Deux enfants heureux.
Tellement heureux.

Notre cortège file vers le petit cimetière où tu reposeras.

Il bruine.

L'endroit où tu seras est beau. À mi-hauteur de ce cimetière de village, entouré d'arbres, de fougères. Tout y est végétal. Là, tu en verras passer du monde. Tu ne seras pas isolé. C'est très calme. Une belle situation. Comme pour une maison. Seuls trois éléments comptent quand on veut s'installer : « le quartier, le quartier, le quartier ».

Nous te laissons. Comme lorsque je te voyais partir en voyage scolaire ou en vacances, seul, chez des amis. Toujours un petit pincement au cœur. Aujourd'hui, une torture.

Ton nom gravé dans la pierre. Pour l'éternité. Froid. Net. Sans appel. Cela marque l'absence et la solitude pour toujours. Tu es seul là où tu es et moi je me sentirai toujours seule sans toi. Chaque fois que je verrai ces lettres froides sur la pierre, je penserai à cette solitude que je partage avec toi.

Retour à la maison.

Je suis aussitôt happé par la tendresse de ceux qui sont là.

Leurs élans.

Leurs gestes.

Ils ont tout préparé, tout prévu, tout installé.

Cela discute et débat dans tous les coins.

J'entends des rires.

Le premier m'étonne.

La vie continue.

Surtout, que l'on ne s'arrête pas.

Qu'on vive malgré toi.

Avec toi.

Pour toi.

Par toi.

Tu disais « T'inquiète, 'Pa, je gère ».

T'inquiète, Vic, je gère.

Je m'installe dans un fauteuil d'où je peux constamment voir ta photo.

Je veux apercevoir tes yeux rieurs.
Me perdre dans ton regard.
Les gens vont et viennent.
Nous parler.
Nous sourire.
Nous soutenir.
Puis ils partent.
La maison est vide.
La maison vide.
Vide de Victor.
Victor mort.
Ce n'est pas possible.
Si.

Parfois je me sens tellement ivre de ton absence que j'invente des stratégies pour ne pas sombrer.

Je me persuade que je peux me réjouir d'un rendez-vous, d'une rencontre, d'une nouvelle paire de chaussures, d'un cours de piano, d'un après-midi de lecture, d'un voyage, d'un resto avec des amis, d'un concert. C'est fort d'arriver à se réjouir dans mon état, c'est ça que je me dis, c'est fort. Une stratégie pour ne pas plonger. Je retiens mon chagrin de ne plus être avec toi. Je le retiens et je m'invente un bonheur, en puisant dans ce qui m'entoure, ceux qui m'entourent, ce qui me reste de bonheur, ce qui me reste de toi, dans cet avenir qui ne t'appartient plus.

Quand nous nous retrouvions seuls, ton papa et moi, nous nous disions : « Comme on l'aime, notre Victor ! » Nous nous sommes répété cette phrase des dizaines de fois, sans que tu le saches. Ta douceur nous étonne et nous bouleverse. Tu nous étonnes et nous bouleverses.

Je suis en overdose de ton absence.

Tout de toi me manque. Cet espace que tu prends dans la maison, ce volume d'air que tu déplaces, toutes les traces de ton passage.

Quand je rentre à la maison, je sens que tu es là. Un manteau qui traîne, une boîte de céréales ouverte, ton cartable, un livre ouvert sur la table.

Cette sensation merveilleuse de savoir que son enfant est là ou tout simplement qu'il est passé là où je passe, je l'ai perdue.

Le soir, après l'école, quand je suis seule avec toi, tu demandes toujours : « Tu mets de la musique, Maman ? » Je monte le volume à fond et je t'apprends à danser le rock. Cela t'intimide de danser seul avec moi au milieu du salon.

Le plus dur, au fil des jours, des semaines et des mois qui suivent, ce sont les soirées. Je t'ai appris à faire du feu dans la cheminée. Tu adores les flambées, l'attente patiente des petits bois qui se consument, puis des plus gros. Tu règles avec précision l'arrivée d'air. Quand je rentre vite, vite à la maison, avec cette soif de partager des moments avec toi, j'aperçois ton regard illuminé, ta fierté d'avoir allumé le feu, de le voir crépiter. Tu t'allonges devant la cheminée, je vois ton corps se détendre, se prélasser, goûter à la douceur de la chaleur. Un jour, je te dis : « Plus tard, tu feras ce que tu veux. Tu choisiras ta femme, ton métier, ta maison. Mais il y a une chose pour laquelle tu n'auras aucun choix : tu devras installer un feu ouvert dans ta maison. Les feux renforcent la tendresse et l'amour. »

J'ai l'impression de ne plus avoir de réserve. Plus de réserve pour faire face. Aux tracas de mes autres enfants, aux contrariétés professionnelles, à l'agressivité des uns et des autres. Avant je t'avais toi. Comme réconfort pour faire face. Comme réserve pour faire face. Comme joie pour faire face.

Faire face. Aux autres et aux petits soucis quotidiens malgré cette déflagration en moi. Faire face au chagrin de ton papa et de tes frère et sœurs alors que je suis inconsolable.

Y a-t-il moyen de vivre tout en restant inconsolable ? Peut-être que seule une partie de moi est inconsolable et que l'autre partie suffit. Pour les autres et pour le temps qu'il me reste.

Depuis que tu n'es plus là, nous ne sommes plus sept, mais six, sept moins un. Ta place est toujours là. Ton absence-présence. Tangible. Visuelle. Comme si on nous avait enlevé ce qui occupait tout l'espace. Le vide est palpable. Et nous le redoutons, chaque soir.

J'ai besoin de parler de toi. Tout le temps. Partout. Bientôt un an que je vis sans te voir, sans te parler, sans t'entendre, sans te serrer dans mes bras. Je donnerais ma vie pour te serrer encore dans mes bras, même si, après, c'est fini pour toujours. Juste une fois. J'ai besoin de te retenir en parlant de toi. Tous les jours. Tous ces jours qui me restent, je veux parler de toi pour t'empêcher de t'en aller.

Certains pensent qu'il vaut mieux se taire, ne pas remuer les souvenirs douloureux. Il n'y a rien à remuer. Tout est là. Comment penser qu'un jour quelqu'un puisse me rappeler de penser à toi ? Toutes les mamans qui ont perdu un enfant ont envie de parler de lui. Toujours. Pour toujours. Pour toute cette vie sans leur enfant. Parler de lui, lui rendre hommage, éternellement.

Parfois, j'ai autant envie de vivre que de mourir. Je choisirai toujours de vivre, c'est ma nature, ma force de vie, celle que ma mère m'a donnée. Mais pour une raison que je ne m'explique pas, je me projette quelques fois dans ma propre mort, je la prépare, sans doute pour mieux la refuser, l'éloigner. Car je veux vivre. Je déteste la vie sans toi, je ne la supporte pas. Et pourtant, je choisis la vie.

Certains jours, ta mort est plus douce, plus amortie, plus indirecte, moins définitive. D'autres, elle dure depuis trop longtemps, me ronge, devient irrespirable. Non, c'est cette vie qui est irrespirable. Entre les deux, un combat. La vie d'avant et la vie d'après. Entre ce passé avec toi et cet avenir sans toi. Il ne me reste plus que cette vie d'aujourd'hui. L'espoir d'une maman qui a perdu son enfant se trouve peut-être là : vivre juste maintenant. Sans trop revenir en arrière. Sans trop partir en avant.

Commence une période étrange.
Pas de travail.
Impossible.
Peur des regards.
Peur de ne plus rien savoir.
Peur de la peur qui envahit.
Peur de tout.
Peur.
Les jours défilent.
Amis.
Amis encore.
Famille et amis toujours.
Avec de la soupe.
Beaucoup de soupe.
C'est chaud.
Ça réconforte.
C'est l'amour.
L'amitié.
Parfois, nous trouvons de la soupe sur le seuil de la maison.

Un petit mot.
On n'a pas osé vous déranger.

Patricia et moi sommes à la maison.
Nous attendons.
Nous ne savons pas.
Nous allons au cimetière.
Nous te cherchons.
Où es-tu ?
Que fais-tu ?
Reviens.
S'il te plaît.
Juste une fois.
Nous attendons.
Soirs sombres.
Matins moroses.
Journées qui n'en finissent pas.

Ce n'est pas une vie.

Travailler.
Tout le monde le dit.
« Francis, retourne au journal, cela te changera les idées. »
Pas sûr.

Nous décidons, Patricia et moi, de reprendre le travail le même jour.

Début décembre.

Trois semaines seulement.

Trois semaines après.

Le jour où je travaille à nouveau, je rencontre la dame qui s'occupe de l'entretien de la maternité. Elle m'aperçoit et murmure : « Je ne sais pas quoi vous dire, alors je vous prends dans mes bras. »

Marcher droit jusqu'à mon bureau.
Ne pas croiser les yeux qui fouillent.
Bonjour.
Bonjour, Bonjour.
Je marche sur des sables mouvants.
Ça va ?
Envie de répondre non.
Hurler « Non ».
Silence.
Je murmure « doucement ».
Je retrouve mon bureau.
Mes papiers.
Mes photos.
Sensation de devoir apprendre à nouveau mon métier.
Téléphoner ?
Parler ?
Écrire ?
Que dire ?
Tout paraît futile.

Tu es mort et je vais travailler.
J'ai l'impression d'être quelqu'un d'autre.
Je ressens l'indécence à être dans cette vie où tu n'es plus.

Puis-je continuer comme avant ?

Reprendre mon métier ?

Parfois mes doigts se promènent sur le clavier comme si l'idée coulait de mon cerveau.

Écrire, ça va.

Gérer, animer, est compliqué.

J'ai du mal à me concentrer sur la gestion des équipes.

Écouter, décider, trancher : on m'attend.

Je continue tout en sachant, à l'intérieur de moi, que cela ne va pas.

Cela n'ira pas.

Je suis bien entouré.

Mais je ne tiendrai pas.

Je ne suis plus comme avant.

L'écume des choses, l'éphémère, l'immédiateté, la légèreté, la rapidité…

Ce n'est plus possible.

J'ai besoin d'autre chose.

Tu me le disais.

'Pa, si c'est si dur, si t'es plus heureux dans ton boulot, change.

Changer.

On me dit : « Attends. »

Nous sommes en décembre, un mois et demi après ta mort. Je me trouve en voiture avec Louise. Je suis sur le point de la déposer à une station de métro pour qu'elle rejoigne son université. Elle doit y présenter un examen de droit. Juste avant de descendre, elle dit : « Je ne vois pas pourquoi j'irais présenter cet examen, j'ai envie de penser à Victor. Je n'y vais pas. Cela n'a pas de sens. » Je lui réponds : « Eh bien, moi aussi, je vais faire comme toi, ne plus me lever le matin, rester dans mon lit et ne plus travailler. Qu'en penses-tu ? » Ta sœur me regarde. Elle se penche vers moi, elle m'embrasse. Puis elle sort de la voiture et descend dans la station de métro.

J'ai toujours eu peur de la mort. J'ai toujours cru qu'elle ne frapperait pas mes proches, que je vivrais vieux, heureux, en bonne santé.

La première fois que j'y ai été confronté, j'avais neuf ans, c'était mon grand-père. Il était entrepreneur en maçonnerie, mais aussi poète. Un vrai poète qui écrivait et publiait de jolis textes en wallon. Un homme chez qui toute la famille se rassemblait le dimanche. Je dévorais la charcuterie, les oignons au vinaigre, les cornichons et la tarte au sucre. Quand mon grand-père est mort en février, j'ai senti le vide qui s'ouvrait devant moi. Je le revois dans son cercueil ouvert. Le salon où il repose est rempli de fleurs ; le mimosa domine. Depuis, je ne supporte plus cette odeur. Le jour de son enterrement, j'ai pleuré pendant des heures et des heures. Inconsolable. Ma grand-mère a suivi quelques années plus tard.

Puis, la mort s'est éloignée de moi. Elle n'est revenue que pour m'enlever mon père, puis ma mère. Et je me suis retrouvé en première ligne.

Ta mort est insupportable.

C'est la première Fête des mamans. Tous mes enfants sont autour de moi, sauf un. Je décide d'inviter mes amies à traverser cette première fois sans toi. La brutalité de ton absence contraste avec la légèreté qui flotte autour de nous.

Au restaurant, à deux pas de chez nous, ils gardent la photo offerte à ton enterrement. Depuis des mois, ton sourire demeure, à l'entrée.

Chez le garagiste où Patricia fait monter et démonter ses pneus, même tendresse. Ta photo est accrochée dans son bureau. Il dit : « Tant que je travaillerai ici, Victor restera. »

Les autres.

Étonnant de voir cette humanité chez ceux que je côtoie sans les connaître vraiment. Étonnant de sentir cette proximité qui ne vient pas forcément des plus proches. Rassurant de voir comme finalement, l'être humain, quelle que soit sa culture, sa situation sociale, son éducation, peut être bon. Juste. Comme il peut donner par sa présence. Comme il peut soulager par un regard. Merveilleux comme on peut se sentir apaisé parce que quelqu'un qu'on connaît à peine nous serre dans ses bras. Merveilleux comme certains comprennent. Merveilleux d'avoir nos amis autour de nous, là, tout le temps là, encore là, hier, aujourd'hui, demain.

Désarçonnant comme certains ne comprennent pas, ne veulent pas savoir, ne veulent pas être bousculés. Comme si le malheur pouvait se transmettre, devenir contagieux. Ils préfèrent s'en éloigner. Ceux-là ne peuvent mentir. Je les reconnais tout de suite.

Tes copains de classe nous écrivent. Nous disent leur immense tristesse de perdre un ami. Pour beaucoup, ce sera le premier grand chagrin. Une de tes amies nous envoie une lettre écrite pour toi. Elle nous demande de te la lire au cimetière. Sa lettre s'achève sur : « Mon cher Victor, on se retrouvera de l'autre côté. »

Pour la première fois, ton papa ne peut me consoler. Ma douleur est la sienne. Mes larmes s'ajoutent aux siennes. Nous sommes tous les deux inconsolables. Sa douleur entraîne la mienne, encore plus loin, au-delà. Presque au-delà de ce que je peux supporter, de ce que je veux supporter.

Avec Patricia, les relations fluctuent.

Je suis le reflet de son chagrin, elle, le miroir de ma souffrance. Nous sommes unis pour toujours. Parfois distants. Parfois si proches. Je ne sais jamais. Une parole et tout s'allège. Une autre et tout se brise.

Notre douleur n'est plus la même, plus mêlée, pas superposée. Elle est isolée, différente, parallèle. Nous sommes chacun seuls avec cet immense fardeau, cette infinie tristesse qui creuse la distance entre nous.

Décembre. Des lumières dans toute la ville annoncent les fêtes à venir. Et nous ? Qu'allons-nous faire de toutes ces lumières qui brillent pour tous les enfants ?

Tu adores Noël.

Nous décidons de t'apporter un sapin. Ton sapin de Noël. Avec des boules. Je vois ton papa, le petit sapin dans les bras comme s'il portait un nourrisson. Il avance vers le cimetière. Je le vois devant moi. Il gravit ce chemin vers toi, courbé par la douleur et les larmes, ton sapin dans les bras.

Tous les mercredis, elle vient à la maison te donner un cours de langue. Tu la trouves sympa, trop. Elle te fait réciter et rire en même temps. Tu apprends vite. Elle dit que tu es son élève préféré et tu en es fier, timidement fier.

Pour ce premier Noël sans toi, elle nous offre un arbre. Un pommier de l'espèce « Victor ». Ton papa et moi, nous le plantons en décembre dans le jardin comme si c'était un arbre sacré.

Il donnera quatre pommes à la fin de l'été. Quatre pommes que tes frère et sœurs iront cueillir. Le jour de tes quatorze ans.

Nous passons ce premier Nouvel An sans toi, ton papa et moi, avec ton oncle Alain et sa femme. Nous dansons tous les quatre dans le salon, en trinquant à cette nouvelle année qui n'aurait jamais dû exister. Il y a, en chacun de nous, je crois, quelque chose comme de l'espoir. S'en sortir.

Ce monde dans lequel je vis depuis près de quarante ans, je l'ai aimé passionnément. Mais, de plus en plus, je le regarde se mouvoir pour le pouvoir, se traîner pour être cité, se vendre pour une gloire passagère. Ce journalisme-là, ce monde politique-là, surfait, défait, de paillettes et de soubresauts, ne me satisfait plus. Je ne supporte pas le manque de recul, l'avidité, cette recherche effrénée.

L'idée de travailler en profondeur, de rencontrer des gens de dialogue, de proposer aux lecteurs des réflexions sur la vie, la mort, s'impose progressivement.

Nous avions programmé un séjour à Paris début janvier avec toi. Tu t'en réjouissais. Y aller ? Annuler ? Nous décidons de maintenir ce voyage et de nous y rendre avec des proches. Le deuxième soir, j'évoque mon envie d'autre chose. Tout en parlant, ma pensée se construit : réaliser une série d'échanges centrés sur l'âme des êtres, cette âme trop souvent en coulisse. Ainsi naissent mes entretiens « États d'âme ».

Dans l'exercice de mon métier, je vois des enfants malades. Beaucoup d'enfants malades. Et quand je sens qu'une maman se décourage, perd pied, je lui dis que tant que nous sommes face à une situation réversible, rien n'est perdu. C'est dur, mais ça va aller. Le réversible, c'est l'espoir qui reste. L'irréversible, ce sont tous les Victor du monde qui s'envolent en une fraction de seconde. La seule grande douleur d'une vie. Le non-retour, ce constat déchirant de ne pouvoir changer le cours des choses. L'irréversible tellement difficile à admettre, invraisemblable. Tout mais pas l'irréversible. Réaliser ce plus jamais. Descendre encore plus bas. Au fond du fond, là où il n'y a plus rien, là où la douleur est absolue, la solitude absolue, elle aussi. Descendre dans le désespoir du non-retour, du non-revoir, du pour toujours.

J'aime travailler, même après la perte de mon enfant. Je dois puiser dans ce qu'il me reste d'énergie, une façon de rester en vie. Au moins dans le regard des autres. Mes collègues et amis sont au rendez-vous. La plupart savent que c'est vital. Leur regard sur moi et sur ce que je fais va conditionner mon avenir. Une vie possible malgré ce vide immense.

« États d'âme » numéro dix.

J'arrive trop tôt. Une habitude, un défaut. Un peu stressé. On m'a prévenu : il n'est pas facile d'interviewer Alain Delon. J'ai « négocié » vingt minutes en tête à tête alors que le timing initial prévoit dix minutes d'entretien. L'acteur se méfie des journalistes. Il a eu quelques mauvaises expériences. La veille encore. L'attachée de presse, souriante et efficace, m'a prévenu : j'aurai droit à quinze minutes, pas plus. Et il est susceptible d'annuler.

Le photographe est déjà dans le hall. Je lui explique : il y a de fortes chances pour qu'il refuse toute photo.

Onze heures. L'attachée de presse descend avec l'homme de confiance de l'acteur. Ensemble, ils passent en revue le programme de la journée, visiblement trop chargé. Il faudra raccourcir les entrevues, regrouper les journalistes. Hésitations. On y va ? Va pas ?

Nous montons au premier étage, où se trouve la suite royale. Palabres. Toc, toc. L'homme de confiance pénètre dans la chambre et revient quelques secondes plus tard. « Entrez. »

Nous sommes dans une grande pièce. À droite, une table ; à gauche, un confortable salon de velours rouge. En face, une magnifique vue. D'ici, la ville est belle. Je prépare mon enregistreur, ma feuille de questions. J'entends ses pas, dans la chambre voisine. Alain Delon arrive : cheveux blancs, jean, chemise bleue ouverte. Un sourire matinal. Franche poignée de main. Il est, comment dire ?, un peu hésitant. Presque timide. Moi aussi.

« "La Libre Belgique" ? Bon, bon. Ah, un photographe ? »

Nous sommes assis dans les fauteuils rouges. L'attachée de presse en retrait, l'homme de confiance à la table. Le photographe commence discrètement son travail. Je déplie ma feuille de questions soigneusement préparées.

« Oh là, toutes ces questions ! », s'étonne Delon.

Il se tourne, inquiet, vers l'attachée de presse qui le rassure.

Je pose ma première question. La deuxième, la troisième. Doucement, je sens son intérêt grandir. Mon questionnaire est sans doute différent des interrogations auxquelles il est souvent confronté. Nous évoquons les grands moments de sa carrière. « Comédien », « acteur » ou « star »… il aime les subtilités. La conversation prend.

Mon questionnaire « États d'âme » veut que je l'entraîne sur sa vie spirituelle. Il répond. Dieu, Marie. Oui, il prie. Puis nous parlons de la mort…

« Qu'y a-t-il après la mort ? » Il répond : « Je ne sais pas. Quand j'y serai, je vous le dirai... »

Spontanément, sans réfléchir, de manière incontrôlée, je réplique :

« Vous direz bonjour à mon fils... »

Il se fige. Me fixe de ses yeux bleus intenses. Je ne sais plus que dire, que faire. Il s'avance vers moi et me prend la main. De l'autre, il caresse mon avant-bras. Personne ne dit rien. Je sens sa main fraîche, je me dis que je n'aurais pas dû.

« Quel âge avait-il ? Avez-vous d'autres enfants ? Racontez-moi... »

Je sens monter en moi un océan de larmes. Il le voit. Serre ma main plus fort. Je raconte en quelques mots. Il ne lâche pas ma main. Comme s'il voulait prendre une partie de mon immense chagrin. L'homme qui cherche à m'aider n'est plus la légende du cinéma français, c'est un père. Tout simplement.

Vaille que vaille, je reprends le fil de mes questions. L'une d'elles : « Quel serait votre plus grand malheur ? » Là encore, il s'arrête. Nos regards se touchent. Il ne veut pas répondre. Je devine qu'il veut éviter les mots que je redoute. Il lève les bras, les tend vers moi, reprend mes mains. Son plus grand malheur, c'est le mien : perdre un enfant.

Je continue, plus assuré, comme allégé par son empathie. Voilà, c'est fini. L'attachée de presse me tend le chronomètre : 24 minutes...

Je sens qu'il voudrait dire encore quelque chose. Il hésite. Me prend à nouveau les deux mains qu'il serre fort. Longuement. Il dit : « Bon courage. »

Le samedi soir de la publication de l'entretien, Patricia et moi assistons à un mariage. À table, je consulte machinalement mon téléphone. Plusieurs appels en absence. Numéro masqué. Et un message de l'attachée de presse : « Francis, Alain a déjà essayé de vous appeler plusieurs fois, vous ne décrochez pas... ? » Je consulte ma boîte vocale : « Bonjour Francis, peut-être que vous ne décrochez pas quand il s'agit d'un numéro masqué. C'est Alain. Alain Delon. J'essayerai de vous rappeler un peu plus tard. » J'entends un second message. « Francis, c'est encore Alain. J'aimerais que vous me rappeliez. Voici mon numéro de téléphone. Je vous attends. Avec impatience. »

Je prépare quelques phrases avant de composer son numéro. Je le remercie de m'avoir accordé cet entretien. Il m'interrompt : « C'est à moi de vous dire merci... Cette rencontre m'a bouleversé. » Nous nous parlons comme si nous nous connaissions depuis des années.

Le soir, quand je rentre à la maison, je monte au troisième étage, j'ouvre la porte de ta chambre, un geste que je n'ai plus fait depuis six mois. Je te raconte ma journée. Et je pleure toutes les larmes de mon corps.

Ta chambre. Tu t'y réfugies pour lire, affalé sur ton lit, écouteurs sur les oreilles ; regarder des séries sur ton ordi.

J'aime y entrer parce que tout est là. Comme si tu vivais encore. Ton bureau avec tes cahiers ouverts, en désordre. Tes affaires de sport qui traînent, ton lit défait, tes livres, beaucoup de livres, les bandes dessinées. La vie dans cette chambre. Ta vie dans cette chambre. Je n'arrive pas à la ranger. La déranger. J'en suis incapable presque un an après ta mort. J'ai peur de te perdre un peu plus. Peur de couper définitivement ce lien auquel je m'accroche. Ce lien qui me relie à toi. Qui est toi.

Je t'imagine dans cette chambre. Je te vois dans cette chambre. Chaque fois, je monte à l'étage de ta mezzanine, j'ouvre la fenêtre qui donne sur la pente du toit. Je regarde. J'essaye de me mettre dans ta peau, de sentir ce que tu as ressenti en glissant. Je refais l'histoire des dizaines de fois. J'ai peur que les voisins d'en face me voient. J'ai honte d'être cette maman qui n'a pas pu t'empêcher de tomber.

Tu n'aimes pas te coucher tôt. Tu restes avec nous le soir. Nous parlons, regardons la télévision. De plus en plus souvent, tu as pris l'habitude de monter dans ta chambre pour lire, peut-être pour regarder l'une ou l'autre série ou discuter avec tes copains.

— N'éteins pas trop tard, Victor.

— Non, non.

Mais souvent, quand je monte à mon tour et que je passe devant la porte de ta chambre, je vois un rai de lumière.

Alors j'entre, je monte dans la mezzanine. Tu es là, radieux, sur ton grand lit. Tu fais mine d'être surpris en flagrant délit car tu ne dors toujours pas. J'ai ma technique pour me jeter à tes côtés. Je bondis, te survole et m'affale près de la pente du toit. Tu ris de mon acrobatie de vieux. Nous parlons. Tu m'interroges sur mon métier, mon enfance, mes parents, mes grands-parents. Tu veux tout savoir, mes bêtises, mes exploits. Quand je suis tombé à mobylette, quand je suis rentré d'Espagne en stop, quand j'ai bu en cachette mon premier whisky que j'ai vomi. Parfois même, je t'apprends des jurons en patois.

Je te fais parler de ta vie à l'école, de tes amis, du tennis, de l'escalade. Je découvre que tu n'es peut-être pas ce garçon parfait, gentil, obéissant, qu'il t'arrive – ce qui me ravit – de protester, de contester, de chambarder. Gentiment. Je sens que tu es en train de trouver ta voie, entre ton papa, ta maman, ton frère, tes sœurs.

Le temps passe.

— Il est tard Victor, il faut dormir.

— Oui, mais, dis-moi encore : ton papa, il était sévère avec toi ? C'était comment la vie à la campagne…

Des mois après ta mort, mes larmes restent toujours au bord. Au bord de la voix, au bord des yeux. Épuisant de les retenir, souvent impossible. Elles m'accompagnent. Je pleure au volant de ma voiture, dans une librairie, chez le coiffeur, dans mon bureau, quand je prends ma douche, quand je prends mon petit déjeuner et je réalise que tu es mort, quand quelqu'un pose sa main sur mon épaule avec tendresse, quand je vois les enfants de ton âge qui sortent de l'école, quand je fais face à ton papa qui s'effondre, quand j'imagine ton papa qui s'effondre, quand ton papa me serre dans ses bras.

Un jour, un collègue, au bureau, me reproche mes absences. Cette impression que je ne suis pas là. Cette remarque me fait prendre conscience d'une évidence : chaque fois que je suis absent, je suis présent auprès de toi.

Parfois je me promène et je me demande si ça se voit. Si on lit sur mon visage ce que je vis. Je me dis que oui, ça se voit.

Parfois nous allons nous promener. Nous avons l'impression que le deuil nous suit, qu'il est inscrit en nous, que nous sommes marqués, qu'à cent mètres, les gens sentent que nous sommes des parents endeuillés.

Six mois après ta mort, un homme m'invite à déjeuner. Nous ne parlons ni de toi, ni de moi, mais de lui. Avec cet homme, c'est toujours comme cela. J'ai l'habitude. Au dessert, il m'explique pourquoi il ne s'est pas manifesté plus tôt : « Tu comprends, me dit-il, j'avais peur de l'impact que ta peine allait avoir sur moi. »

J'aime ces autres qui m'entourent. Leur manière un peu plus appuyée de dire bonjour, mon bras qu'ils viennent serrer, leur regard interrogateur mais vrai, leur accueil quand j'entre dans une pièce. Les autres qui lisent toute la tristesse en moi. C'est précieux. La vie peut être belle même si on a perdu son enfant. Je ne suis pas seule. Et pourtant… Comment trouver la beauté ? Trouver la beauté malgré tout, malgré ça, malgré ce chagrin-là, cette perte-là, cette vie-là ?

Je ne compte plus le nombre de fois où, évoquant la mort d'un enfant, on me dit à propos de son père ou de sa mère : « Il ne s'en est jamais remis. »

Je ne me remettrai jamais de ta mort.

Mais m'entendre répéter cette sentence m'anéantit. C'est comme si nous étions, désormais, déterminés à être malheureux jusqu'au dernier jour de nos jours.

Certains jours, je tiens. D'autres, je gis.

Peu à peu la vie des autres reprend. Leur présence s'efface doucement, sans que je le réalise. Un an après ta mort, je m'en rends compte. Je dois aller mieux. Ils pensent que je dois aller mieux. Et comme je le sens, je fais semblant. Je les laisse vivre cette vie que je n'aurai plus jamais. Je réalise l'immense solitude de t'avoir perdu. L'immense solitude d'une mère qui a perdu son enfant depuis un an déjà, un an seulement. Ton papa est comme moi. Écrasé d'avoir porté un an de larmes, un an de manque, un an d'absence. Écrasé de se rendre compte que maintenant il va falloir avancer seul. Ou presque seul. Certains sont toujours là, pour que cette solitude face à ta mort soit plus supportable. Un peu plus supportable.

Tu aurais quatorze ans demain. Comme j'aime te fêter, te rendre heureux. Comme j'adore voir chez toi cette forme de timidité lorsque tu reçois un cadeau. Tu te précipites dans les bras de celui qui te l'offre, remerciant mille fois avant de l'ouvrir. Tu t'émerveilles d'un rien. Ton attitude est à la fois réservée et pleine de gratitude : « Je suis trop content ! » Combien de fois n'ai-je pas entendu cette phrase sortant de ta bouche.

Mon grand garçon, Mon Adoré, *où est parti ce souffle qui aurait éteint quatorze bougies demain ? Où est parti ce regard pétillant de joie ? Où est cette voix que j'aime tant ? Et pourtant, nous organisons une fête à la maison en l'honneur de ton anniversaire. Avec tes frère et sœurs, ta famille, nos amis, et nous buvons à la vie, et nous dansons à ces quatorze ans que tu n'auras jamais.*

Nous fêtons ton quatorzième anniversaire. Nous voulons que la soirée, soit, comme pour celle de tes treize ans, musicale, ensoleillée, arrosée. J'aime voir que, par instants, Patricia surmonte sa douleur. Ce soir-là, il y a de la douceur dans ton souvenir. Je ne parlerai pas de bonheur, mais d'une certaine légèreté. J'ose évoquer le cadeau que nous t'avions offert un an plus tôt : une barre de musculation. Car il t'arrivait de faire des abdos et quelques exercices dans ta chambre pour muscler ton corps et te sentir bien. J'avais installé cette barre de musculation au chambranle de la porte de ta salle de bains. Tu m'avais fait une démonstration. Puis tu m'avais défié : « Vas-y ! » Impossible de me hisser très haut. J'avais essayé à plusieurs reprises. À ma dernière tentative, le chambranle avait cédé et je m'étais retrouvé par terre, la barre en mains, l'encadrement déboîté. Je te revois, à mes côtés, riant aux larmes.

Pour la première fois, depuis que tu es mort, nous décidons d'aller ensemble au cinéma. Nous sortons de là, dans le même état. Anéantis par ton absence. Cette place vide à côté de nous.

Je vois arriver le premier anniversaire de ta mort comme un mur infranchissable. Je pleure sur mon vélo en allant travailler. À la maison, j'essaye de tenir.

Au journal, je sens une immense bienveillance autour de moi. Une main, un sourire, un regard, une accolade. Cela m'aide à tenir. La très grande majorité de mes collègues m'accompagnent, silencieusement, dans cette lente reconstruction qui connaît souvent des ratés. Mais pour quelques-uns, la page est déjà tournée et tout n'est qu'un « mauvais souvenir ».

Tu es un petit garçon. Il t'arrive de te mettre en colère quand tu es contrarié. Tu cries, tu tapes du pied par terre, tu refuses d'obéir. Je t'avais lu un soir Grosse colère. *Ce livre où il est question d'un enfant prénommé Robert qui casse tous ses jouets et se retrouve ensuite désemparé. Depuis ce soir-là, chaque fois que tu t'énerves, ton papa et moi nous te disons « ah, ça alors ! Nous avions oublié que nous avions invité Robert à la maison aujourd'hui ! » L'effet produit est instantané et magique, ta colère cesse immédiatement. Des années plus tard, je te raconte cette histoire qui t'amuse toujours autant.*

Certains jours, on va jusqu'à me reprocher de ne pas dire « bonjour ».

Bon-jour ?

Les sales jours se succèdent.

Souvent, je sens les larmes affleurer. Je connais les symptômes. Le nez pique. L'eau monte. J'essaye d'empêcher la suite. Impossible. Je me lève et m'isole dans les toilettes afin de laisser le torrent se déverser. J'y reste longtemps. Je sors, je me frotte les yeux. Je regarde le sol, espérant repousser la prochaine crise. Parfois, je fais à peine quelques pas et tout recommence. Quand rien ne va plus, je quitte la rédaction. Je me promène dans le parc voisin en espérant que personne ne me surprenne.

Je suis larmes. Je suis douleur. Je suis vide. Je suis mort. Je suis toi, aussi, mon Victor. Mais je suis vivant.

Un homme qui pleure, c'est rare. Émouvant. Inattendu. Troublant. Ton papa qui pleure, c'est bouleversant, déchirant. Ton papa qui pleure, qui te pleure, sans pouvoir s'arrêter, la tête dans les mains.

Sur la terrasse, je te fais réciter du vocabulaire et des déclinaisons de latin. Chaque fois que tu rates un mot, je t'en fais recommencer cinq. C'est la règle. J'entends encore ta voix chantante. Tu marques l'accent tonique : « capeeere, cognosceeere... » Tu lèves les yeux au ciel à chaque faute : « Oh non, Maman, pitié, pas cinq encore ! » Tu pestes parce que je ne cède pas.

Un an sans te voir, c'est long, beaucoup trop long. L'espoir s'en va, tout doucement, jour après jour, et nous laisse seuls, ton papa et moi, inconsolables. Plus dur aujourd'hui. Plus insupportable. Juste après ta mort, nous ne savions pas encore l'absence, ce manque de toi qui s'accumule au fil des heures, des jours. Ce manque viscéral, total, absolu, qui me fait rouler à folle allure sur l'autoroute, pour hurler Victor, Victor, Victor, *à en perdre la voix.*

Un an après ta mort, la distance qui s'est installée entre ton papa et moi s'amenuise. Nous nous sentons plus solidaires face à cet immense chagrin.

L'espoir doit bien exister. Près de nous. À portée de main. De mains tendues. Il se trouve sûrement quelque part. Pas si loin. Peut-être, pas si loin.

Au journal, la gestion quotidienne devient pesante. Je suis rédacteur en chef depuis bientôt quatre ans. Tout est prêt pour la transition numérique mais je réalise que je n'aurai pas la force, la concentration, la patience de gérer ces changements. Je dois céder le flambeau. Revenir à mon métier de journaliste sans autre responsabilité. Je pense que c'est plus honnête. Je prépare un texte sobre. J'annonce mon retrait en conférence de rédaction. J'articule deux mots. Ma voix se noue, les larmes jaillissent.

Je passe la main, soulagé.

Je fais mon tour de salle en maternité. J'entre dans une chambre où se trouve une jeune accouchée avec son bébé. La maman est issue du quart monde. Je lui demande si elle a d'autres enfants. Elle répond : « Quatre, mais j'ai perdu une petite fille de cinq ans dans un accident de voiture. Vous savez, pour les gens de mon entourage, un an après, tout est oublié. Mais pour moi, dix ans plus tard, je sens encore tellement sa trace. » Je lui dis : « Comme je vous comprends. » J'ajoute : « C'est grand, cinq ans, déjà toute une vie, cinq ans. » « Oui, me dit-elle, toute une vie. » Je lui demande le prénom de sa fille. Je lis la lumière dans le regard de cette maman qui parle de son enfant, jamais oublié. Je perçois chez cette femme que je ne connais pas, ce lien invisible qui nous unit, nos deux enfants disparus.

Nous sommes en vacances. C'est le petit déjeuner. Il y a Ernest et son père, ton papa, toi et moi. La vue est belle, la lumière douce. Soudain, on entend : « On n'est pas bien ici ? » C'est la petite voix d'Ernest, du haut de ses sept ans. Depuis, quand tu te sens bien, tu répètes : « On n'est pas bien ici ? » et tu éclates de rire.

J'aime le duo qu'Ernest forme avec toi. Vous êtes, l'un pour l'autre, des frères de cœur, d'inséparables cousins. Jamais une dispute, une bouderie. Aucune rivalité entre vous. Juste une belle complicité.

Depuis l'accident, le courage d'Ernest me surprend, m'impressionne. Il doit lui aussi gérer le vide, l'absence. Où trouve-t-il la force d'affronter les épreuves de la vie ? Peut-être dans son passé, lui qui a déjà dû surmonter la perte. Aujourd'hui, il avance, se reconstruit, se dessine un nouveau destin dans un espace où tu n'es pas.

Je suis en consultation avec une petite fille de cinq ans. Je la vois pour la première fois. La petite n'est pas très malade. Je rassure la maman. À la fin de la consultation, celle-ci demande : « Et vous docteur, vous avez combien d'enfants ? » Je ne sais pas. Je ne sais que répondre. Je finis par dire : « Trois enfants, mais j'en ai perdu un. »

Suis-je aujourd'hui une maman de deux enfants ou de trois ? Dois-je encore veiller sur toi ? Tu es mort mais notre lien n'est pas mort. Je ne peux vivre comme si tu n'avais jamais existé. Ma vie est indissociablement liée à celle que j'avais avec toi. Le lien que j'ai avec tes deux sœurs est intimement lié au tien, chaque jour, et pour l'éternité. Alors oui, je crois, j'espère, être encore la maman de trois enfants, Mon Adoré.

Comment poursuivre ce chemin ? Comment ne pas me perdre ? Comment avancer ? Pour quelle vie, avec un enfant en moins, un garçon en moins, Mon Adoré *en moins ? Comment avancer avec mes deux enfants sans le troisième ? Comment faire pour que ce troisième vive avec nous ? Est-ce que j'avance encore avec toi,* Mon Adoré *?*

Je regarde la série *Guerre et Paix*. J'aime le personnage de Pierre Bézoukhov. Il dit : « Tant qu'il y a de la vie, il y a de la joie et le meilleur reste à venir. »

Pas pour moi.

Je vis avec ta mort dans la peau. J'y pense tout le temps. Mes pensées ne sont jamais au repos, ta mort est toujours quelque part, à l'avant-plan ou en toile de fond, toujours là. Avec moi, en moi, sur moi. Tu ne me quittes pas. Ta mort non plus.

Ta chute m'obsède.

Je veux me persuader que tu n'as pas souffert et que tu ne t'es pas rendu compte de ce qui t'arrivait, que tu ne t'es pas vu mourir à treize ans.

Nous sommes le 1er janvier. Pour une raison obscure, l'envie de bouger, de « faire » quelque chose me tenaille. Je décide de nettoyer la terrasse. Un 1er janvier ? Pourquoi pas ? Il a plu, il a gelé la nuit.

Une plaque de verglas s'est formée sur le bord de la piscine. Je ne la vois pas. Je me dirige vers le fond du jardin, pose mon pied sur le sol glissant et me retrouve tout habillé dans une eau glaciale.

Je ne sais ce qui s'est passé. Je me débats. Je sors de l'eau. Je rentre dans la maison : Patricia lit dans le salon. Elle me regarde, stupéfaite.

Il y a du désordre dans ma tête. J'aurais pu heurter le bord de la piscine. Mon cœur aurait pu s'arrêter en plongeant dans cette eau quasi gelée. C'est un message. Je ne dis pas un message de toi, mais un message tout de même. Je n'ai pas senti que je tombais. Je marchais et je me suis retrouvé au fond de la piscine. Je suis tombé dans l'eau sans m'en rendre compte. Cela me rassure. Je me dis : voilà, c'est comme pour toi, tu n'as pas senti que tu tombais.

Les images de ta chute me hantent. Certains jours, tu tombes en permanence. Les yeux ouverts ou fermés, je te vois tomber. Toujours.

Nous rencontrons les neuropédiatres qui ont analysé ton traumatisme. Ils sont formels : ta mort a été instantanée. Aucune chance de t'en sortir. C'est à la fois rassurant et douloureux.

Quelques semaines plus tard, on réaménage les trottoirs et on enlève à nouveau les pavés, ceux qui ont oublié de t'accueillir avec douceur, ce 4 novembre. Je les connaissais par cœur. Je les ai souvent regardés, touchés, caressés. Il m'est arrivé de me coucher, à l'endroit où tu étais tombé, pour sentir s'il n'y restait pas un peu de toi. Finalement, les ouvriers de la voirie les ont tous emmenés et remplacés par de jeunes pavés, sans mémoire.

Je ne pourrai plus jamais marcher sans ce regard vers le haut. Plus jamais marcher sans mon regard qui te cherche, si haut, trop haut.

J'ai dû apprendre à marcher sans regarder les toits, surtout les corniches. À ne pas compter les étages, à ne pas évaluer la durée d'une chute.

Un matin, l'école m'avait appelé pour me dire que tu t'étais blessé dans la cour de récréation. Tu avais heurté un mur. Je me revois courant, sautant dans ma voiture, arrivant à l'école. Tu es là avec un œuf de pigeon sur le front. Il grossit à vue d'œil : rouge, violet, jaune. Mais, sous cet œuf, tes deux petits yeux rieurs, à la fois gênés et contents.

Surtout ne pas regarder en l'air. Ne pas regarder en bas.

Quelqu'un m'arrête dans la rue : « Quand on regarde le sol en marchant, on rumine. Quand on fixe le ciel, on s'inspire. »

Tu es mort en jouant et je n'en doute jamais. Je ne t'en ai jamais voulu. Ni à toi ni à personne. Je n'ai aucun reproche à te faire, Mon Adoré.

Parfois, je crois te voir au coin d'une rue. Je marche derrière un adolescent qui a la même dégaine que toi, j'imagine que tu te retournes. Je vois la scène : c'est toi, devant moi, riant, les yeux plissés. Lorsque tu ris tes yeux se ferment si fort qu'on n'aperçoit plus tes pupilles.

Cette expérience, de suivre un « Victor », je la vis souvent. Suis-je en train de devenir fou ? Pour me rassurer, je récite le nom des Premiers ministres depuis la réforme de l'État, ensuite ceux des Affaires étrangères et, quand je parviens à me concentrer un peu plus, ceux de l'Intérieur.

J'ai l'impression d'être enfermée dans une bulle. Dans cette bulle, il y a toute la vie avec toi. Ce verre de champagne que nous buvons, ton papa et moi, à ta venue… neuf mois plus tard ! Ta naissance, ton prénom, tes premiers pas, toi dans un sac à dos, ton premier cartable, ton papa qui court à côté de ton vélo sans les petites roues, tes yeux qui rient, tes éclats de joie à la vue de ton grand frère, ta complicité avec tes trois sœurs, ton regard qui cherche le nôtre dans la cour de récréation, ton enthousiasme chaque fois que nous t'emmenons au restaurant, au théâtre ou au cinéma, ton sentiment d'avoir vraiment trop de chance dans cette vie, tes abdos seul dans ta chambre, cet appareil dentaire que tu enlèveras bientôt, le feu que tu prépares dans la cheminée vite avant le retour de ton papa, ce réconfort immense de te savoir avec nous, cet amour infini que tu nous portes. Je ne sors pas de cette bulle. Je n'en sors pas.

Je vais de plus en plus souvent au cimetière. Ta tombe est magnifique, deux sapins garnis de boules et de guirlandes lumineuses t'entourent. Nous avons déposé des bougies dans un grand photophore. C'est lumineux, presque joyeux. J'aime y aller, le soir, quand les lampes illuminent ta tombe. J'éprouve de plus en plus de mal à te quitter. Je descends l'allée, je la remonte, je redescends, je remonte.

J'imagine que, dès que j'ai tourné les talons, tous les anges du cimetière dansent. Les enfants et les ados se rassemblent, jouent et chantent ensemble.

Ta tombe est restée sauvage. À chaque passage, je remarque que d'autres sont venus te fleurir.

Je suis chez la fleuriste qui habite notre rue. Je choisis les fleurs à déposer sur ta tombe. Jamais je n'ai imaginé fleurir celle de mon enfant. Elle sait. Elle me prend dans ses bras. Elle m'offre chaque fois une fleur pour toi. « J'aime l'éphémère, c'est pour ça que je fais ce métier. » Je trouve aussi que l'éphémère a quelque chose de beau, de forcément beau. Une lumière, un sourire, un souffle, un regard. Aujourd'hui, mon éphémère à moi, c'est toi.

Tu dis : « Vous allez rentrer tard ? » Ce sont les derniers mots que tu m'adresses. Aujourd'hui, je me demande si tu avais déjà en tête cette idée de monter sur le toit.

J'ai toujours aimé la solitude. Depuis ta mort, je la recherche. Seul, j'ai le sentiment d'être plus proche de toi. Je me réfugie à la mer du Nord ou à Bruges. J'aime cette ville. Comme si je refaisais un chemin, celui vers la ville où mon père est né. J'aime me plonger dans cette Flandre, entendre la langue qu'il parlait, me promener sur une digue ou une plage déserte, l'hiver. J'aime ce vent glacial qui fige ma peau. Je me sens vivre. En franchissant les dunes, je te revois. C'est Pâques. Tu dois avoir huit ans. Je t'ai offert un cerf-volant. Pas facile à manier. Pendant des heures, tu essayes. Encore. Une fois, dix fois, cent fois. J'aime ton énergie, ta volonté. Après un temps certain, tu réussis à le lancer et, enfin, à le piloter. Près de nous, un couple observe tes tentatives. Ils se lèvent pour t'applaudir. Tu es heureux.

J'examine une petite fille de trois ans. En fin de consultation, la maman me demande comment je vais. Elle sait que j'ai perdu un enfant. Pendant quelques phrases, quelques mots, au bord des larmes, je raconte comment je vais. Et cette petite fille qui perçoit l'émotion dans ma voix, s'avance et met sa main toute petite dans la mienne.

Je rêve de toi. C'est la première fois. 372 jours, 372 nuits sans parvenir à te retrouver. Dans mon rêve, je te vois vivant, mais je sais que tu es mort et que je ne te retrouverai pas le matin. Je te croise par hasard. Je t'aperçois, tu me souris. Je te caresse la joue. Je sens ta chaleur. Tu es vivant.

Le matin, je ne réalise pas tout de suite que j'ai rêvé de toi. Sous la douche, le souvenir de mon rêve revient.

Je veux te garder
Les souvenirs de toi s'envolent
La brume s'installe
Tu t'en vas pour toujours
Je te retiens
Je fais tout pour que tu restes encore un peu
Je veux te garder.

Il m'arrive encore de rêver de toi. Parfois tu es déjà grand ; parfois, encore petit, avec ton biberon, dans ton petit peignoir bleu. Dans mes nuits, tu ris toujours.

Tu ne me connaîtras jamais vieille. C'est plutôt mieux. Quand je te disais « Tu viendras me voir quand je serai très vieille ? », tu répondais : « T'inquiète, Maman, je viendrai ! »

J'aurais dû te dire que nous n'avons qu'une vie.

Tu vas avoir dix ans.

Deux chiffres.

Les valises cachées dans le coffre de la voiture, nous t'emmenons à l'aéroport en te faisant croire que nous partons au restaurant.

Tu ne te doutes de rien. Ta surprise est totale. Le bonheur illumine ton visage. Ta candeur est touchante. Ta joie, palpable.

« J'ai trop de chance. »

Quelques mois après ta mort, nous sommes invités en Égypte, avec un groupe d'amis. Nous sommes au bord de la mer Rouge. Je te cherche. Je te revois dans ces lieux où nous sommes déjà venus. Ton rire est partout, ta silhouette aussi.

Nos amis font le maximum pour que la semaine soit agréable. Mais je m'isole, j'ai du mal à entendre les rires, à voir la joie. Je fais tout ce que je peux pour être là, mais je suis ailleurs. Près de toi. Je te parle toute la journée, couché sous la tonnelle d'où je vois la mer. Je me culpabilise d'être si lointain, si décalé. Le soir sur la piste de danse où les gens se tordent, se languissent, se prélassent, je dévisse, je fonds, je rapetisse.

J'accompagne deux fils de nos amis dans un parcours de quad. Nous nous lançons sur le circuit de poussière. Un virage, une ligne droite. Je me lance comme un fou malgré l'épingle à cheveux que je devine. Ma main maintient les gaz à fond. Je dépasse les deux ados. Je fonce. Je devrais ralentir, tourner. Je heurte le monticule le long de la piste. Le quad s'immobilise net. Je m'envole. Je flotte. Je retombe durement sur le côté. Je ne peux plus respirer. Je hurle ton nom.

Je suis sonné. Je ne sais ce qui m'a pris. Les deux jeunes se penchent sur moi. Je les aime, ces deux-là. Ce sont eux qui t'ont permis de connaître tes premiers interdits alcoolisés, l'été dernier, en Provence. Tu avais bu une bière, ta première, je crois. J'avais fait en sorte que tu disposes d'une chambre à toi. Mais le soir, tu rejoignais la bande de jeunes, tu faisais la fête avec eux et… tu t'endormais sur une petite galette spartiate. Le matin, tu étais épuisé, mais heureux.

Je regarde des photos, des vidéos de toi pendant des heures. J'ai besoin de te voir et de t'entendre vivant. Remettre le son de ta voix dans ma vie, pour que je puisse avancer. Cette voix-là en moi, proche de moi, proche de mon souvenir, proche de mon quotidien sans toi. Comme un air de musique qui trotte dans la tête. J'ai besoin que ta voix me trotte dans la tête pour pouvoir me passer d'elle.

Je suis toujours en décalé. Où que je sois, dans ma voiture, dans la rue, dans un magasin, au travail, dans mon lit, au restaurant, chez des amis, je ne suis pas là où l'on croit que je suis. Ma pensée, mon âme est en permanence ailleurs, quelque part près de toi. Ma vie aujourd'hui c'est ça : être là avec toi dans ma tête et sans toi dans ma vie, dans ma maison, dans ma voiture, devant l'école, le mercredi après-midi, le soir au coin du feu, le matin au petit déjeuner, pendant les vacances, pendant les examens, aux anniversaires, aux Noëls, aux permis de conduire, à l'université, au premier amour, au premier chagrin d'amour, sans toi, sans moi. Toi, tellement présent dans ma tête et tellement absent dans ma vie.

Dans ce tunnel,
Ces ténèbres,
Cette mer glacée,
Cette nuit noire et froide,
Ce brouillard,
Ce torrent qui nous entraîne vers le fond,
Cette ivresse de la douleur,
Dans cette peur,
Malgré tout,
Nous avançons.
Courbés,
Brisés,
Perdus,
Nous avançons.
Malgré tout.
Pourquoi ?
Pour qui ?
Nos enfants.
Notre famille.

Nos amis qui nous donnent,
Au jour le jour,
Heure par heure,
Un amour infini,
Une tendresse magnifique,
Une amitié constante.
Sans ces bras,
Ces brassées,
Ces embrassées,
Nous ne serions plus ici-bas,
Mais reclus,
Enfermés,
Emprisonnés dans une vie vide.
Il faut continuer à vivre.
Sans toi.
Nous vivons,
Nous travaillons,
Nous allons ici et là.
En week-end,
En vacances.
Oui, il est possible de vivre,
Après avoir perdu un enfant.
J'essaye de vivre, mon P'tit Lou.

Tes sœurs que tu accueilles avec tant de joie même si leurs tracas d'étudiantes te font souvent lever les yeux au ciel. Ton papa te répète souvent : « Les filles, tu verras, c'est compliqué. » Et toi, tu ris, tu me rassures quand je me tracasse : « T'inquiète pas, Maman, ça va aller, tu sais bien qu'elles sont toujours comme ça. » Tu te moques d'elles et, à la fois, tu les admires. Tu les défends quand je te dis mon mécontentement, tu bondis, tu argumentes, tu les protèges, leur trouvant des excuses, toujours.

Alice et Louise. Qui restent pour moi, pour toi. Qui tiennent le coup par amour. Qui veulent montrer l'exemple, comme tu l'aurais fait sûrement. Qui savent que sans elles je ne tiendrai pas. Qui le savent depuis la première seconde où tu es mort. Qui ont la pudeur de faire toute la place à ma douleur. Qui me donnent leur force. C'est notre lien invisible et éternel avec toi, Mon Adoré.

Nous tentons quelques pas. Lors d'une de ces promenades, j'évoque la possibilité de créer une fondation pour prolonger, non ta vie perdue, mais ta mémoire, ton histoire. Il n'est pas possible de tirer un trait, d'effacer ta trace. Imaginer une Fondation, non pas tournée sur ton passé mais inspirée par toi et orientée vers les autres. Nous ne voulons pas d'une Fondation-sépulture mais d'un projet dont l'action bénéficierait pleinement à des jeunes de ton âge. Nous marchons, main dans la main, Patricia et moi, portés par cette idée, la seule qui puisse nous soulager. L'idée jaillit dans les yeux de ta maman. Pourquoi pas une Fondation qui inciterait les jeunes à la lecture, une de tes passions ? À la maison, immobiles et concentrés face au feu, nous sommes certains de vouloir prolonger ainsi ton histoire. Nous ne savons pas encore à ce moment-là combien ce projet sera fédérateur, mobilisateur. Pour nous et pour les autres.

H24 comme tu disais. H24 je ne pense qu'à ta mort, qu'à toi étendu sur le trottoir, qu'à toi qui me dis « Coucou maman et toi ? ». Au début je compte en jours. Puis en semaines. Ensuite en mois. Comme les nouveau-nés. Un jour je vais devoir compter en années et cette idée m'est insupportable.

Tu adores la campagne. Tu aimes le charme désuet de la maison de ma mère. Tu y découvres un univers où tout est calme, paisible, serein. Tu apprécies surtout quand ta grande sœur t'y emmène. Lors de ces visites-là, vous faites la « totale » : vous donnez à manger aux moutons, vous préparez des tartes au sucre, vous jouez à des jeux de société. Malgré ses quatre-vingt-dix ans, ma mère est très vive : elle se réjouit plusieurs jours à l'avance de recevoir ses petits-enfants.

Un jour, une des brebis qu'elle élève pour tondre ses prés rejette un de ses agneaux. C'est le début du printemps. Il fait froid. Le petit a été installé dans la cuisine, près du radiateur. Avec ta sœur, tu passes des heures à essayer de le sauver. Il faut lui donner régulièrement des biberons. Vous y allez un samedi, vous y retournez le dimanche. Tous les soirs, tu prends des nouvelles de l'agneau. Un jour ça va, le lendemain, il faiblit. La semaine suivante, je t'y conduis. Tu t'en occupes avec assiduité. Quelques jours après, il meurt. Ton chagrin est réel.

J'ai envie de m'en foutre complètement, de te chasser de ma tête parce que tu prends toute la place. Ta mort m'empêche de vivre.

Je voudrais tellement être le 4 novembre et passer la journée au coin du feu avec toi.

Était-il écrit quelque part que ta vie devait se limiter à 13 ans, 67 jours, 7 heures et 20 minutes ?

Nous sommes tous les quatre à table : ton papa, Louise, toi et moi. Je déteste cuisiner. Tu le sais bien. Notre plat principal, ce soir-là, comme tous les soirs de l'année, c'est tomate-mozza, avocat sur Cracotte et salade verte. Tu ne t'en plains jamais, même tu déclares : « C'est délicieux, Maman. » Notre conversation est animée, joyeuse. Mais moi, je n'aime pas rester assise longtemps. La dernière bouchée avalée, je me lève au beau milieu de la conversation pour débarrasser. Ton papa me suit. Vous restez face à face, Loulou et toi. Vous levez les yeux au ciel.

Beaucoup pensent qu'ils ne survivraient pas à la mort de leur enfant. Pourtant, de nombreux parents survivent. Patricia et moi continuons d'avancer. Pas par courage. Parce que notre histoire est celle-là. Parce qu'il nous était sans doute plus facile de rester que de partir avec toi.

Je sais que, quelle que soit la brutalité de ta perte, d'autres vivent des expériences plus difficiles. Cela ne soulage pas ma peine, cela ne la relativise pas. Cela me permet de rester attentif à ceux qui m'entourent, de comprendre leur douleur. Mais je ne peux pas la soulager. Ni la partager. La douleur ne se partage pas. Chacun la vit, seul.

Ce n'est pas toujours le même manque.

Parfois c'est ta présence, cette sensation que tu es quelque part tout près de moi.

Parfois c'est ton rire, ton rire franc, ton rire avec les yeux. J'adore te voir rire aux éclats.

Te voir heureux me manque.

Parfois c'est simplement ta voix, oui, ce Coucou, Maman, tu as passé une bonne journée ?, *qui me manque atrocement.*

Parfois c'est la terrible envie de te prendre dans mes bras.

Nous nous sommes levés très tôt, avant que le jour ne pointe. Nous avons peu dormi. La veille, nous avons parcouru, du nord au sud, la route des Rois, en Jordanie. Fabuleux. À bord d'une grosse Mitsubishi poussive, qui peine à gravir certains cols, nous nous sommes empli les yeux, la mémoire de ces paysages somptueux. Au volant, je regarde la route qui serpente devant moi. Je te vois dans le rétroviseur ; tu happes ces beautés naturelles. Tu tournes la tête à gauche, à droite, tu savoures cette journée irréelle. Tu filmes avec ta GoPro. Nous croisons très peu de voitures. La Jordanie est délaissée même si elle ne figure pas dans les zones à risques. Le soir, fourbus, nous nous jetons dans les lits de cet hôtel juste en face de l'entrée de Pétra.

Nous pénétrons, le matin, sur le site, le calme est absolu. Nous progressons, accompagnés du seul bruit de nos pas. Tu cours, tu avances, tu reviens vers nous. « Venez voir. » Tu te retournes, impressionné par le dédale, par ces rochers immenses. L'instant nous saisit tous les trois. Je te vois totalement imprégné, ému même par la beauté de ce monde. Petit à petit, les touristes bigarrés, bruyants arrivent. Le calme a disparu.

Nous choisissons de monter vers un des temples. Le soleil cogne. La perspective de gravir la colline à dos d'âne te réjouit. Juchés sur nos bêtes de somme, nous progressons au bord d'impressionnants précipices. À droite le ravin, à gauche la roche. Plus loin, quelques vendeuses ont installé des échoppes où s'accumulent des souvenirs en tous genres. L'âne de Patricia est capricieux. Il zigzague. Le pied de Patricia heurte le derrière d'une vendeuse accroupie qui plonge tête la première dans son magasin de fortune. « Sorry, sorry », s'exclame Patricia. Toi, sur ta monture docile, tu pleures de rire.

C'est à toi qu'Alice demande de regarder ses points de médecine. Tu te connectes au site de la Faculté. Elle te donne son numéro de matricule, tu le cherches dans la succession des chiffres. Tu te concentres. Elle stresse à fond pendant que tu t'appliques. Tu lui dictes ses notes. « Tu es sûr, Vic ? Tu es sûr que ce sont bien mes résultats et que tu ne te trompes pas de numéro ? » Tu as un sourire jusqu'aux oreilles : « Réussi ! Trop cool ! » Tu te jettes dans ses bras.

Ta maman et moi sommes invités dans une école située dans un quartier défavorisé. Les trois quarts des élèves sont arrivés en Europe depuis peu et proviennent de Syrie, du Pakistan, d'Afghanistan, du Soudan, du Brésil, de Roumanie, d'Albanie…

Dans cette classe qui a reçu le soutien du Fonds Victor, les enseignants se sont battus durant toute l'année scolaire pour susciter le plaisir de la lecture et l'apprentissage du français. L'émotion est palpable. Il n'y a que des filles, des « primo-arrivantes » comme on les désigne dans le jargon scolaire. Trois ans auparavant, la plupart ne connaissaient pas un mot de français. Elles vivaient dans un pays en guerre ou en difficulté économique.

Elles ont toutes choisi un livre qui ressemble à leur parcours : jeunesse difficile, exil long au hasard des pays, traitements dégradants, intégration compliquée dans le pays d'accueil.

Melis se lance la première. Dans un français hésitant, elle résume son livre puis explique les raisons de son choix. Salma suit. Puis c'est Gabriela. Et Farwa et Lilla. Exaucé, Kamar, Faten, Gizem, Irem, Aichata, Valeria, Chaima, Ousanatou. Derrière ce qui les a touchées, ta maman et moi devinons quelques bribes de leur vie.

La séance s'achève. Ta maman se lève et les remercie en quelques mots : « Victor aurait dit : trop stylé ! » Les jeunes filles sont émues. Elles applaudissent.

Pencher un peu moins vers le vide et s'accrocher. Tenir. Tenir encore. Rebondir. Être à la hauteur. Ne pas montrer aux autres sa douleur. Retenir les larmes qui débordent. Montrer de la joie là où il n'y en a plus. Faire croire qu'on s'en sort. Se lever tous les jours. Juste ça. Même au bord des larmes. Même sans éprouver la joie. Surtout sans éprouver la joie. Se lever. Rien d'autre.

Cette joie de t'avoir porté, de t'avoir aimé, retrouvé, attendu. De t'avoir écouté, de t'avoir regardé, de t'avoir fait rire, de t'avoir fait réciter des mots de latin, le compliment de la Fête des pères. Cette joie d'avoir ce garçon après deux filles, de donner un petit frère aux plus grands, de savoir que tu devenais le centre de nos attentions, la joie de voir que tu étais le petit bonheur des grands, leur fierté, leur raison de se rassembler. Cette forme de joie profonde de voir son petit garçon qui finit par souffler tout seul ses bougies d'anniversaire. Cette joie-là, simple, évidente mais fondamentale pour vivre, s'est envolée. Ou alors, seule une partie et une autre peut encore venir un jour. Avec un peu moins de légèreté, avec un peu moins d'insouciance, avec une certaine gravité.

Ton âme, ta trace demeurent. Tes yeux, tes gestes, celui que tu faisais pour balayer ta mèche et qui te faisait un peu ressembler à Tintin.

Tu es si vivant.

Je t'aime comme j'aime mes autres enfants, à la folie, déraisonnablement.

Un jour, je te rejoindrai. Je ne sais pas quand, ni comment, ni sous quelle forme. Ce jour-là, Victor, nous danserons et nous ne nous quitterons plus. Je veux le croire.

À Bruxelles, Gand, Waterloo, Lille, Noirmoutier, Paris, New York, Venise, Rome, Londres, Marseille, Tirana, New Delhi, Taormine, en Haïti, en Patagonie, aux îles Fidji, au Québec, au Cap Ferret, au Pérou, en Suisse, en Serbie, en Grèce, en Toscane, en Macédoine, au Japon, à Lisbonne et en Thaïlande, des bougies ont été allumées pour toi, par des personnes qui te connaissent et d'autres qui ont seulement entendu parler de toi. Peut-être que tu brilles aujourd'hui partout pour nous, Mon Adoré.

Ils sont en nous. Ils sont dans nos larmes, dans nos cris, dans nos soupirs, dans nos silences. Dans nos joies, aussi. Ils sont partout.

Pour toujours.

Nos morts nous accompagnent, ils cheminent à nos côtés : enfant mort avant d'avoir vu le jour, bébé à peine né, jeune qui trottine, écolier souriant, ado naissant, jeune adulte, père éphémère, mère fière, tout juste grand-mère, mamie sans souci, presque centenaire… Nous les aimions à la folie, nous les voulions à nos côtés jusqu'à notre dernier souffle. Ils sont partis avant nous, sans raison, nous laissant dévastés, tordus de douleur, glacés d'effroi.

Peu importe la manière dont ils nous ont quittés : morts par accident, par maladie, par attentat, mort volontaire. Ils ne sont plus là pour nous parler, nous prendre la main, nous caresser la joue, nous faire rire aux larmes ou trembler de plaisir. Ils ne sont plus ici pour ensoleiller nos vies et donner du sens à nos projets.

Pourquoi, pourquoi ? Pourquoi ? Parce que. Il n'y a pas, il n'y aura jamais de réponse à ces questions qui nous emplissent de doutes, qui nous empêchent de dormir et parfois de vivre.

Ils ne sont plus là, ils sont ailleurs. Leur vie a pris fin mais leur histoire continue. Il faut parler des morts, raconter leur vie, se souvenir de leurs joies, de leurs voix, de leurs humeurs, de leurs heures parfois si brèves sur terre. Il faut en parler parce que taire leur nom, c'est les faire mourir une seconde fois. Il faut en parler toute l'année, de janvier à décembre. Et recommencer.

Ils sont en nous. Ils sont au bord de nous. Jamais ils ne quitteront nos pensées, notre esprit, notre corps. Nos morts sont parfois si vivants en nous que ceux qui nous côtoient nous trouvent étranges, nous croient dérangés, obsédés à leur souvenir. Il ne faut jamais croire, pas même une seconde, que tout passe, que l'on se lasse de penser à eux. Un jour, un mois, un an, dix ans : tous les jours, c'est le lendemain de leur mort. Comment éviter le pire, périr aussi ? Heureusement, il y a des mots, des mains, des regards qui soulagent et nous portent.

Nos morts sont en nous, au bord de nous. Pour toujours. Évidemment.

Perdre un enfant et ne pas perdre espoir
Perdre un enfant et trouver la force
Perdre un enfant et ne pas se perdre
Perdre un enfant et se relever
Perdre un enfant et consoler toujours
Perdre un enfant et serrer ceux des autres dans ses bras
Perdre un enfant et sécher ses larmes
Perdre un enfant et rester droit
Perdre un enfant et rester digne
Perdre un enfant et ne pas mourir de l'avoir vu mourir

Merci à Berta Bernardo Mendez et Alain Vergauwen pour leur soutien indéfectible. Leur lecture, leur relecture.

Merci à Martine Potencier pour ses conseils.

Merci à Geneviève Damas qui a mêlé nos deux textes avec douceur et rigueur. Sans son aide, ce livre n'aurait pu voir le jour.

Merci à ceux qui nous accompagnent. Ils se reconnaîtront. Ils sont notre force.

Cet ouvrage a été imprimé
par CPI Bussière
pour le compte des éditions Grasset
à Saint-Amand-Montrond (Cher)
en octobre 2019

Mise en pages PCA, 44400 Rezé

N° d'édition : 21250 – N° d'impression : 2047935
Dépôt légal : octobre 2019
Nouveau tirage dépôt légal : octobre 2019
Imprimé en France